Amnistie et droits des victimes en République Centrafricaine

Fleury Fulgence BANALE

Amnistie et droits des victimes en République Centrafricaine

L'Harmattan

5-7, rue de l'École-Polytechnique ; 75005 Paris

http://www.librairieharmattan.com

ISBN: 978-2-343-18163-9
EAN: 9782343181639

DEDICACE

Aux avocats Me Marie-Edith DOUZIMA-LAWSON et Me Mathias Barthelemy MOROUBA pour leurs engagements incommensurables et indéfectibles en faveur de la protection des droits des victimes de conflits armés en République Centrafricaine.

REMERCIEMENTS

Nous tenons à remercier l'ensemble du corps professoral de la Faculté des Sciences Sociales et de Gestion de l'Université Catholique d'Afrique Centrale (UCAC) en général et celui de l'Académie de la Paix des Droits de l'Homme (APDHAC) en particulier pour leurs contributions scientifiques à notre formation en Droits de l'Homme et Action Humanitaire.

Ce sentiment de gratitude est exprimé nominalement :

- au Professeur Jean Didier BOUKONGOU, Directeur du master Droits de l'Homme et Action l'Humanitaire et à Monsieur Joseph BINDOUMI, Inspecteur Général des Services Judiciaires, Président de la Ligue Centrafricaine des Droits de l'Homme (LCDH) et Magistrat hors hiérarchie, pour leurs conseils et leurs relectures critiques.

- à toutes les personnes de bonne volonté qui, de près ou de loin, nous ont aidé aussi bien matériellement que financièrement et qui nous ont soutenu tant moralement que spirituellement tout au long de la rédaction de cet ouvrage.

Nous ne saurions oublier nos parents qui nous ont donné la vie : notre Mère Baya Julienne et notre Père Feu Hardo Jean Louis, la famille Zouaka, la famille Massi, victime indirecte de la disparition d'un des leurs, Charles Massi.

SIGLES ET ABREVIATIONS

AI : Amnesty International.

CADH : Charte Africaine des Droits de l'Homme.

CAI : Conflits Armés Internationaux.

CANI : Conflits Armés Non Internationaux.

CDHNU : Commission des Droits de l'Homme des Nations Unies.

CEDH : Cour Européenne des Droits de l'Homme.

CICR : Comité International de la Croix Rouge.

CPI : Cour Pénale Internationale.

CPS : Cour Pénale Spéciale.

CG : Conventions de Genève.

CEMAC : Communauté Economique et Monétaire de l'Afrique Centrale.

CEN-SAD: The Community of Sahel-Saharan States.

DH : Droits de l'Homme.

DI : Droit International.

DIH : Droit International Humanitaire.

DIDH : Droit International des Droits de l'Homme.

DP : Droit Pénal.

DIP : Droit International Pénal.

FACA : Forces Armées Centrafricaines.

FDPC : Front Démocratique du Peuple Centrafricain.

HCDH : Haut-Commissariat des Nations Unies aux Droits de l'Homme.

INSO : InternationalNGOsafetyOrganization.

LCDH : Ligue Centrafricaine des Droits de l'Homme.

MPC : Mouvement Patriotique Centrafricain.

MISAB : Mission de Suivi des Accords de Bangui.

NU : Nations Unies.

OCDH : Observatoire Centrafricain des Droits de l'Homme.

OCHA : Bureau de Coordination des Affaires Humanitaires.

ONU : Organisation des Nations Unies.

OTAN : Organisation de Traité de l'Atlantique Nord.

PA : Protocole Additionnel.

PIDCP **:** Pacte International relatif aux Droits Civils et Politiques.

RCA : République Centrafricaine.

UA : Union Africaine.

UE : Union Européenne.

UFDR : Union des Forces Démocratiques pour le Rassemblement.

UFR : Union des Forces Républicaines.

HRW: Human Right Watch.

INTRODUCTION GENERALE

Ces dernières décennies, des millions de personnes en Afrique Centrale en général et les populations centrafricaines en particulier ont vu leur existence et leurs droits à la justice et à la paix, foulés aux pieds par les acteurs des conflits armés. Face à ces réalités, des voix s'élèvent pour crier justice et paix. Ces mots, fort de symboles et de significations existentielles excipent les aspirations des populations, des Chefs d'Etats et de la communauté internationale respectivement victimes ou témoins des cas de violations des droits humains fondamentaux.

Nombreuses sont les victimes et les organisations de défense des Droits de l'homme (DH) qui souhaitent que justice soit faîte, que les institutions judiciaires punissent ceux qui se rendent coupables des violations des DH. Ils réclament « la justice élémentaire[1] » pour les victimes des violations des DH et du DIH. Or pour éviter les répressions pénales de ces violations et pour sauvegarder parfois leurs pouvoirs menacés par des rebellions, certains Chefs d'Etat adoptent et mettent en œuvre des mécanismes visant à encourager la réconciliation nationale parmi lesquels figure l'amnistie.

En réalité, si l'amnistie constitue un moyen utilisé pour amorcer le rétablissement de l'ordre social dans les pays qui traversent des crises militaro-politiques, son application continue de susciter des débats sur les questions de justice pénale et de lutte contre l'impunité.

Aujourd'hui, la problématique de l'amnistie est au cœur de l'actualité sociopolitique centrafricaine plein d'enjeux

[1] Nous empruntons cette expression à Stettinius, Secrétaire d'Etat, chef de la délégation américaine.

pour les autorités gouvernementales de protéger leur pouvoir ; pour les groupes armés d'échapper à la justice et pour les victimes de voir leurs droits être respectés. Il s'agit d'une véritable conjugaison problématique mais aussi d'une question sensible dont il ne faut pas s'abstenir d'apprécier la portée de façon contextuelle, ceci en tenant compte fondamentalement des principes de justice et de paix.

En effet, depuis presque six décennies (1960-2019), la RCA traverse une instabilité politique qui ne fait que perdurer, marquée par les émeutes de 1979, les mutineries de 1996, les coups d'Etat du 1er janvier 1966, du 20 septembre 1979, du 1er septembre 1981, du 28 mai 2001, du 15 mars 2003 et cetera. Le dernier coup d'Etat en date, celui de 24 mars 2014, est pour l'instant, unique en son genre dans l'histoire du pays à cause de son intensité, de sa complexité et de sa durabilité. Il constitue l'apothéose des séries de crises que le pays a connues depuis l'indépendance et est marqué par des crimes dont « la plupart tombe dans la catégorie de crime contre l'humanité et de crime de guerre[2] ». Il est à l'origine d'une transition politique qui a précédé le retour à la légalité constitutionnelle par les élections présidentielle et législative en 2016.

Malgré les élections faîtes, la paix peine à régner en RCA actuellement. Quatorze groupes armés[3] y sont encore

---

[2] Ascensio (H.), *et al.*, *Droit international pénal*, Paris, Éditions Pédone (révisée), 2012, pp.752-753.

3 Les groupes armés sont : Mouvement des Libérateurs Centrafricains pour la Justice (MLJC), Mouvement Patriotique pour la Centrafrique (MPC), Rassemblement Patriotique pour le Renouveau de la Centrafrique (RPRC), Retour, Réclamation et Réhabilitation (3R), Révolution Justice, Aile Belenga (RJ-Aile Belenga), Révolution Justice-Aile Sayo (RJ-Aile-Sayo), Seleka Renovée, Union des Forces Républicaines (UFR), Union des Forces Républicaines-Fondamentale (UFR-F), Union pour la Paix en Centrafrique (UPC), Anti-Balaka-Aile

actifs lesquels empêchent l'Etat centrafricain d'être présent et d'exercer sa compétence[4], d'asseoir son autorité, alors que huit accords de paix et trois lois d'amnisties en 1997, en 2003 et en 2008 avaient été promulguées comme efforts de sortie de crise. En ce qui concerne les accords de paix, le huitième s'est déroulé à Khartoum et à Bangui du 24 janvier au 6 février 2019, à l'initiative de l'Union Africaine (UA). Lors des débats, les leaders des groupes armés ont exigé l'amnistie comme une des conditions sine *qua non* pour le rétablissement de la paix en RCA.

L'ouvrage *Amnistie et droits des victimes en République centrafricaine* est motivé par la volonté de défendre les droits des victimes. De plus, son développement vise à montrer que les victimes doivent rester au cœur du débat politique, constituer une préoccupation de toutes les parties prenantes dans la recherche de sortie de crise laquelle est souvent plus périlleuse que la crise elle-même.

La réflexion porte sur la RCA. Elle a été menée précisément à Bangui, le siège des décisions politiques. La proximité avec les décideurs, les acteurs clés permet de comprendre leurs logiques, leurs perceptions de la crise centrafricaine. C'est également à Bangui que l'on retrouve les leaders influents des associations des victimes.

Elle s'étend de 2001 à 2019. 2001 est la borne inférieure de l'ordonnance N°03.003 du 23 avril 2003. Cette ordonnance additionnée avec la Loi n°08.020 du 13 octobre 2008 feront l'objet de ladite réflexion dans le sillage de la protection et défense des droits des victimes. 2019 est l'année qui marque un tournant décisif dans la recherche de

---

Mokom, Anti-Balaka-Aile Ngaissona, Front Démocratique du Peuple Centrafricain (FDPC), Front Patriotique pour la Centrafrique (FPRC). Pour approfondir, Lire le Rapport de l'Union Européenne sur les Droits de l'Homme et la démocratie en RCA (2018).

4 Le principe de la compétence commande l'Etat d'exercer son autorité à l'égard de toute personne et également de toute chose se situant sur son territoire.

la résolution du conflit centrafricain avec la mise sur pied d'une nouvelle feuille de route à Khartoum et à Bangui, du 31 janvier au 6 février 2019, à l'initiative l'UA.

Le DIH et le Droit International des Droits de l'Homme (DIDH) précisément le Droit International Pénal (DIP)[5] seront interrogées sur la question de l'amnistie et celle relative aux droits des victimes. Ces disciplines permettront d'appréhender les fondements juridiques d'amnistie, son objet et son champ d'application. Au niveau interne, le droit constitutionnel et le droit pénal centrafricains seront convoqués et mobilisés pour la même cause.

La socio-anthropologie, comme science descriptive et sociale sera mobilisée pour analyser, dans une perspective rétrospective, critique et politique, les contextes socio-politiques de promulgation desdites lois d'amnistie concernées. Les techniques de recherche de cette discipline comme les entretiens et les descentes sur terrains sont mobilisés pour collecter les informations recherchées.

L'ouvrage *Amnistie et droits des victimes en République Centrafricaine* a été nourri par les connaissances tirées des lectures d'ouvrages, d'articles, de mémoires qui traitent de la question de l'amnistie. Les recherches documentaires ont été complétées par des méthodes juridiques entre autres la méthode exégétique, la méthode comparative et la méthode dialectique. Au plan socio-anthropologique, l'Auteur a procédé par des entretiens auprès des acteurs ciblés concernés (victimes, leaders d'opinion, société civile dans sa diversité).

---

[5] L'étude du droit international pénal a pour objet l'analyse de « la façon dont l'ordre juridique international réagit face à des crimes comportant un élément d'internationalité. »
Pour en savoir plus sur l'histoire du DIP : Szurek (S.), « Historique : la formation du droit international pénal », *in Droit international Pénal*, 2000, Pédone, pp.7-22.

L'Auteur invite ses lecteurs à une approche holistique de la crise des victimes en RCA afin de la résoudre efficacement la crise centrafricaine.

A. Eclairage préliminaire

L'amnistie découle du mot grec *« amnestia »* qui signifie l'oubli. Elle s'inscrit dans le champ du Droit Public Pénal (DPP) et désigne « L'acte qui dispose que des fautes passées devront être oubliées et qui interdit à quiconque de les rechercher ou de les évoquer sous peine de sanction. »

Selon Gallo Blandine, la première loi d'amnistie, celle de Thrasybule, remonte à l'an 403 avant Jésus-Christ et, depuis le Moyen âge, l'amnistie se trouve dans tous les édits de pacification qui terminent une guerre civile[6].

On parle généralement de « La loi d'amnistie » car celle-ci est un acte du ressort du pouvoir exécutif et législatif[7] lequel « efface un fait punissable, arrête les poursuites, anéantit les condamnations pénales, mais qui n'a pas d'effet sur les condamnations civiles. »

L'amnistie est une loi exceptionnelle prise à l'occasion de certains événements politiques, en faveur d'une certaine catégorie de personnes présumées auteurs d'infractions, des crimes. Elle est « Un acte d'imposer l'oubli sur tout ce qui a été fait contre la loi[8] ». Elle prescrit l'oubli des infractions, des crimes commis par des personnes présumées, arrête les poursuites judiciaires[9].

---

6 Gallo, (B.), « Amnistie et impunité des crimes internationaux », in *Revue Droits fondamentaux,* 2004, n° 4, p.67.

7 Au Moyen âge on admettait que « C'est la réception législative de la loi qui fait loi. »

8 Charbel, (J., S.), « L'amnistie et la justice transitionnelle », (article en ligne)
Lien : http://leportique.revues.org/2686 (Consulté le 10 mai 2019).

9 Ruiz Fabri (H.) et *al., Amnistie, grâce et prescription en Europe,* Paris, *Société* de Législation comparée, Coll. de l'UMR de droit comparé, 1977 p. 60.

Il existe plusieurs types d'amnisties qui ont des effets juridiques spécifiques et obéissent à une procédure de promulgation spéciale et démocratiquement acceptable selon la tradition libérale.

L'amnistie est dite générale lorsqu'elle s'applique à tous les présumés auteurs, les auteurs, les personnes nationales ou étrangères qui ont commis des infractions, des crimes qui ressortent de la compétence des tribunaux des pays où ces actes se sont produits. Elle n'est valable que dans le pays où les infractions, les crimes ont été commis et où ladite loi a été promulguée. L'amnistie générale exonère de vastes catégories d'auteurs de violations des DH[10].

L'amnistie est dite réelle au sens où elle ne concerne qu'une certaine catégorie d'infractions ou de crimes spécifiques commis par des catégories de personnes bien déterminées et définies par la Loi.

La loi congolaise N° 05-023 du 19 décembre 2005 énonce : « Il est accordé une amnistie pour faits de guerre, infractions politiques et d'opinion à tous les Congolais résidents au pays ou à l'étranger, inculpés, poursuivis ou condamnés par une décision de la justice. » La période concernée par la loi d'amnistie est souvent mentionnée.

L'amnistie réelle concerne les faits précis et définis par la loi. En conséquence, toutes les personnes emprisonnées sont alors libérées, quelles que soient leurs condamnations. Toutes les procédures en cours sont interrompues et il est interdit de faire publiquement mention des condamnations qui sont effacées du casier judiciaire.

Les lois d'amnisties comportent souvent des conditionnalités. En RDC la loi N°17/2000 du 19 février 2000 portant amnistie générale a posé des conditions ci-après :

---

10 Garth, (M.), *et al.* « Amnesties with universal jurisdiction », *in International Law Forum*, 2000, vol. 2, n° 2, p. 76.

✓ Mettre fin immédiatement à tout acte portant atteinte à la sûreté de l'Etat ;

✓ Pour les personnes résidant à l'étranger, regagner le pays dans les délais de 60 jours à dater de l'entrée en vigueur du décret-loi ou se faire enregistrer auprès de l'ambassade de la RDC dans le pays de résidence ;

✓ Pour ceux qui sont dans la rébellion, se faire enregistrer auprès de l'autorité compétente sur le lieu d'entrée dans le territoire sous contrôle du gouvernement de salut public ;

✓ Se conformer aux textes constitutionnels, législatifs et réglementaires en vigueur en République Démocratique du Congo.

On parle souvent d'amnistie conditionnelle mais cette catégorisation n'est pas pertinente puisque toutes les lois d'amnistie comportent d'une manière ou d'une autre des conditionnalités.

L'amnistie peut-être aussi personnelle. Celle-ci se réfère à une décision qui ne prend en compte que la personne du délinquant, c'est à-dire une personne poursuivie ou sanctionnée à cet effet.

Enfin, l'amnistie peut être mixte au sens où elle porte à la fois sur les faits et sur la ou les personne(s) concernées qui sont de différentes couches sociales. Certains auteurs ne reconnaissent que deux types d'amnisties à savoir l'amnistie réelle et l'amnistie personnelle.

Par ailleurs outre les amnisties *de jure*, il y a ce que l'on appelle les amnisties *de facto*. Celles-ci désignent des pratiques relevant de l'impunité, le fait pour un Etat de ne pas engager des enquêtes, ni de poursuites quand bien même sa législation semble autoriser la mise en mouvement de l'action publique. L'expression est aussi employée pour désigner des lois, des décrets qui peuvent avoir des effets hybrides à celles des lois d'amnisties explicites.

Ces amnisties sont aussi qualifiées d'amnistie déguisées. A titre d'illustration, l'Accord de paix de Ouagadougou en 2007 sur la Côte d'Ivoire exclut de son champ l'amnistie pour les crimes de guerre et les crimes contre l'humanité. Toutefois, l'ordonnance d'application dudit accord ne les exclut pas explicitement. Elle exclut plusieurs infractions qui peuvent être similaires à des crimes de guerre tels que les crimes contre les prisonniers de guerre.

De façon substantielle, l'amnistie « dépouille rétroactivement certains faits de leurs caractères infractionnels. » Les faits qui se sont produits constituent et demeurent des infractions au regard de la Loi. Cependant, la Loi d'amnistie, comme un marqueur, vient les effacer purement et simplement.

Gacon (S.) et Citron notent : « L'amnistie est un processus juridique surprenant par l'effet radical qu'il impose : On oublie tout, rien ne s'est passé[11]. »

La loi d'amnistie peut intervenir à des moments différents entraînant plusieurs conséquences.

Au cas où aucune poursuite n'est encore déclenchée, par le fait de l'amnistie, aucune action publique de poursuites ne peut être mise en mouvement.

Dans l'hypothèse selon laquelle la loi d'amnistie intervient pendant que la juridiction examine le dossier, celle-ci doit absolument rendre une décision de non-lieu. Pour une personne déjà condamnée, l'amnistie efface non seulement la condamnation mais aussi, elle éteint une peine en cours d'exécution. L'effet extinctif de l'amnistie est d'ordre public. Le tribunal doit l'appliquer contre la volonté de la personne amnistiée. L'amnistie éteint l'action publique et non l'action civile.

---

[11] Gacon, (S) *et al.*, « Amnistie – Les contraintes de la mémoire officielle », in *Oublier nos crimes : L'amnésie nationale, une spécificité française ?* p. 100.

A propos du concept victime, le Haut-Commissariat des Nations Unies aux Droits de l'Homme (HCDH) le définit en ces termes :

« 1. On entend par "victimes" des personnes qui, individuellement ou collectivement, ont subi un préjudice, notamment une atteinte à leur intégrité physique ou mentale, une souffrance morale, une perte matérielle, ou une atteinte grave à leurs droits fondamentaux, en raison d'actes ou d'omissions qui enfreignent les lois pénales en vigueur dans un Etat Membre, y compris celles qui proscrivent les abus criminels de pouvoir.2. Une personne peut être considérée comme une "victime", dans le cadre de la présente Déclaration, que l'auteur soit ou non identifié, arrêté, poursuivi ou déclaré coupable, et quels que soient ses liens de parenté avec la victime (...)[12] .»

On distingue deux types de victimes : Les victimes directes et les victimes indirectes. La présente étude s'intéresse aux victimes directes[13] des violations graves des DH et du DIH ou à leurs ayant droits.

Relativement à la notion des droits des victimes[14] en DP, elle englobe plusieurs aspects à savoir : Le droit de déclencher les poursuites ou de s'y être associé ; le droit d'être informé ; l'indemnisation des victimes d'infractions pénales ; les associations d'aide aux victimes, la protection

---

[12] Nations Unies, Résolution 40/34 du 29 novembre 1985, Déclaration des principes fondamentaux de justice relatifs aux victimes de la criminalité et aux victimes d'abus de pouvoir.

[13] Article 2 al. 1er du Code de Procédures Pénales français dispose : « L'action civile en réparation d'un dommage causé par un crime, un délit ou une contravention appartient à tous ceux qui ont personnellement souffert du dommage directement causé par l'infraction »

[14] Nations Unies, Résolution de l'Assemblée Général 40/34) ; Résolution 60/147 de l'Assemblée générale, 16 décembre 2005.

de l'image des victimes[15]. Nous nous intéresserons au droit de déclencher les poursuites en matière pénale ou d'y être associé et au droit à l'indemnisation des victimes d'infraction pénale.

Le droit de déclencher des poursuites ou d'y être associé suppose que les victimes d'une infraction pénale peuvent déposer plainte auprès des brigades des gendarmeries, des commissariats de police. Les gendarmes ou les commissaires de police transmettent, après enquête, la plainte et tous les documents annexes (procès-verbaux d'audition…) au parquet pour permettre au Procureur de la République de poursuivre l'auteur devant les juridictions compétentes.

L'indemnisation des victimes d'infraction pénale, faut-il préciser, n'interviendra qu'après l'établissement de la culpabilité de l'accusé et sa condamnation à des dommages et intérêts[16].

Notre apport à travers le présent ouvrage présente un double intérêt : scientifique et social

Sur le plan scientifique, l'ouvrage est une contribution analytique et exégétique contextuelles à la question de la pratique de l'amnistie. Elle développe le corpus doctrinaire en la matière pour permettre de faire aussi des analyses de corrélation avec les expériences d'amnisties dans d'autres

---

[15] Déclaration des principes fondamentaux de justice relatifs aux victimes de la criminalité et aux victimes d'abus de pouvoir (Déclaration relative aux victimes, adoptée le 29 novembre 1985 par la résolution de l'AG 40/34); Principes fondamentaux et directives concernant le droit à un recours et à réparation des victimes de violations flagrantes du droit international des droits de l'homme et de violations graves du droit international humanitaire ("Principes fondamentaux et directives"), adoptée par la résolution 60/147 de l'Assemblée générale, 16 décembre 2005.

[16] Ministère de la Justice française, Service de l'information et de la communication, *Les Fiches de la justice*, septembre 2003.

pays, ceci pour un meilleur apprentissage et une meilleure prise de décision politique.

Sur le plan social, l'ouvrage protège et promeut fondamentalement les droits des victimes à la justice et aux réparations et elle s'inscrit dans le cadre de la lutte contre l'impunité, ces aspirations longtemps reléguées au second plan en RCA. Il défend la justice sociale pour tous. Lorsque les violations des DH et du DIH ne sont pas jugées mais sont simplement oubliées ; lorsque les bourreaux échappent à la justice sans réparer les tors qu'ils ont commis, la société vit constamment dans le cycle infernal de haine, de violence et dans une logique de vie semblable à celle de 'l'état de nature' marquée par le règne de la violence et de la justice des braves. L'ouvrage s'attaque donc en filigrane à certains maux de nos sociétés : L'oubli des victimes et la culture de l'impunité.

B. Amnistie, vue par différents auteurs

Si dans certains pays du monde l'amnistie est en voie de disparation, quelque part, précisément en Afrique, elle continue de faire école, de ratisser large. Depuis la seconde guerre mondiale jusqu'en 2008, Mallinder (L.), enregistre 420 processus d'amnistie dans le monde. Cela explique le recours à l'amnistie. Celle-ci est imbibée d'enjeux éthiques, politiques et juridiques. Elle est un sujet très controversé parmi les juristes, les organisations de défense des DH et les spécialistes de la résolution des conflits, de la justice transitionnelle. Le nœud de la question est celui de savoir si l'on peut oublier les violations des DH en général et ceux des victimes en particulier pour sauver la paix sociale par le biais de l'amnistie ? Deux courants dialectiquement nuancés se dessinent. D'une part le courant de ceux qui rejettent en bloc l'amnistie car le principe de l'Etat de droit *(Rechtsstaat),* suppose que les contraventions, les infractions et les crimes ne restent pas impunis. D'autre part, le courant de ceux qui admettent l'amnistie, dans des circonstances particulières des pays, avec des conditions définies par la Loi, et, comme une solution de dernier recours pour éviter la recrudescence des violations des droits humains et sauver la paix sociale. Ce second courant voit dans l'amnistie une brèche pour solutionner les conflits, et, dans certaines circonstances, pour empêcher la recrudescence des violations des DH.

Les tenants du premier courant justifient leur position par plusieurs arguments. Charbel (J., S.) dit : « L'amnistie met en péril le pardon. ». Ceci à cause de l'impunité qu'elle entretient.

Les chercheurs du Laboratoire d'anthropologie des institutions et des organisations sociales, soulignent : « Associée à une politique d'oubli actif, elle (l'amnistie) est accusée de voiler la vérité historique supposée aujourd'hui être seule salvatrice des sociétés qui ont connu des traumatismes politiques de grande ampleur[17] ». Dans les sociétés démocratiques comme la France, l'Italie, l'amnistie est une pratique caduque, inactuelle.

Orentlicher (D.,) quant à elle, défend la justice pour les victimes. Elle dit : « La motivation est la soif de justice des victimes des violations des droits de l'homme et le soutien international dans l'accomplissement de celle-ci ». L'amnistie met donc en péril les droits des victimes à la justice et aux réparations. Ce courant est défendu majoritairement par des Organisations de défense des DH qui clament haut et fort « zéro impunité » pour les violations graves du DIH et du DIDH.

Dans la lancée du second courant, l'Institut International pour la Démocratie et l'Assistance Electorale (International IDEA), précise : « La réconciliation est gravement mise en cause si le cercle vicieux de l'impunité n'est pas brisé. L'immunité est une variante de l'impunité. Les sources les

---

[17] Wahnich (S.), *Amnistie comme pratique démocratique. Une histoire prospective des enjeux politiques européens d'amnistie*, 2005, p.75.

plus courantes d'impunité sont les lois d'amnistie (...). Si la fin du conflit ne peut être obtenue sans elle, l'amnistie peut toutefois faire figure de solution du dernier ressort. Même dans ce cas, de strictes conditions doivent être remplies. Celles-ci incluent, entre autres, un débat public précédant l'adoption de la loi d'amnistie, débat poursuivant autant que possible la vérité et la réparation, et assurant le plein respect des obligations de l'Etat découlant de tous les Traités des droits de l'homme ».

Hanif Vally ajoute : « Ayant vécu la plus grande partie de ma vie sous l'apartheid, en tant qu'activiste, en tant que victime de la torture, en tant qu'avocat de personnes torturées et de familles de personnes arrêtées ou disparues, j'aurais préféré que les responsables soient tous jugés. Cependant, si le prix à payer était la déstabilisation totale de la société, condamnant une nouvelle génération à la brutalité et à l'instabilité de son développement, alors rétrospectivement je suis en faveur de l'amnistie dans des circonstances exceptionnelles. »

Notre ouvrage se réapproprie la perspective analytique de l'Institut International pour la Démocratie et l'Assistance Electorale (International IDEA) et de Hanif Vally.

C. Question centrale et préméditations

La promulgation des différentes lois d'amnistie en RCA a pour principal but la réconciliation, la sauvegarde de la paix. Toutefois, malgré les recours répétitifs à l'amnistie, le conflit continue, jalonné par des violations des DH et les cris des victimes réclamant justice. Ainsi, au regard des expériences centrafricaines négatives d'amnistie sur fond de l'oubli des victimes, comment garantir aujourd'hui les droits des victimes à la justice et aux réparations en RCA ?

Nous préméditons que les contextes politiques de l'époque marqués par la déliquescence de l'appareil judicaire, l'insécurité, le manque de volonté des autorités, l'absence de financement suffisant ne permettaient pas la réalisation suffisante des droits des victimes. Les législateurs n'étaient motivés par des intérêts politiques et politiciens que par le souci de pacifier un pays plongé dans un conflit armé et miné par celui-ci. L'écart type, le fossé entre ces lois, les droits des victimes et le droit à la paix est grand.

La garantie des droits des victimes réside dans la mise en œuvre combinée et rigoureusement encadrée des mécanismes judicaires (justice) et extra-judiciaires (Commission Vérité-Justice, Réparation et Réconciliation, fonds au profit des victimes, amnistie légale voulue par le peuple). Le tout requiert une réelle volonté des parties prenantes de sortir de la crise.

De plus, la bonne gouvernance démocratique et celle des richesses naturelles, l'engagement de la société civile, des médias et la coopération internationale peuvent constituer des solutions préventives et efficaces aux violations des DH entre autres les droits des victimes.

D. Plan de l'ouvrage

L'ouvrage est structuré en deux parties. La première porte sur la mise en œuvre des lois d'amnistie sur fond de l'oubli des victimes. La seconde partie quant à elle, porte sur les mécanismes de garantie des droits des victimes.

Première partie :

LA MISE EN ŒUVRE DES LOIS D'AMNISTIE SUR FOND DE L'OUBLI DES VICTIMES

Introduction partielle

La loi d'amnistie confère le pardon légal. Elle est une « loi spéciale » qui déroge à certains principes cardinaux de la justice : Les principes de recours à la justice pénale et de la responsabilité pénale individuelle. Ces principes jalonnent les textes normatifs du DIH et du DIDH. Ils sous-tendent que les contraventions, les infractions, les crimes ne doivent pas passer dans l'oubliette ou rester impunis. Toutefois, la vie semble offrir d'autres réalités. Il n'est pas rare de constater que certains Etats recourent à l'amnistie. Ces Etats '*amnistites*' s'appuient sur certaines dispositions du DI précisément celles du DIH qui conventionnalisent l'amnistie, celles du DIDH ou encore des législations internes. Une lecture diachronique de ce corpus normatif permet d'appréhender l'ancrage juridique de l'amnistie.

Toutefois, qu'ils s'agissent des textes internationaux ou nationaux d'amnistie, il est communément admis que l'amnistie est incompatible aux crimes internationaux[18]. Une exception sous une forme de plaidoyer est faîte pour

[18] Article 5 du Statut de la CPI « La compétence de la Cour est limitée aux crimes les plus graves qui touchent l'ensemble de la communauté internationale. En vertu du présent Statut, la Cour a compétence à l'égard des crimes suivants :
a) Le crime de génocide ;
b) Les crimes contre l'humanité ;
c) Les crimes de guerre ;
d) Le crime d'agression.
2. La Cour exercera sa compétence à l'égard du crime d'agression quand une disposition aura été adoptée conformément aux articles 121 et 123, qui définira ce crime et fixera les conditions de l'exercice de la compétence de la Cour à son égard. Cette disposition devra être compatible avec les dispositions pertinentes de la Charte des Nations Unies. »

les crimes commis par les enfants de moins de 18 ans. Le Comité International de la Croix Rouge (CICR) plaide pour leur non poursuite. De plus il faut aussi noter que la CPI ne juge pas les enfants, qu'ils soient auteurs ou non des crimes internationaux.

Cette partie de l'analyse rend compte de cette construction normative d'amnistie. Il s'agit, en amont, de faire le point sur les fondements juridiques de l'amnistie (Chapitre I) et d'étudier deux lois d'amnistie en lien avec l'épineuse question de la réalisation des droits des victimes en RCA (Chapitre 2).

CHAPITRE I

L'ANCRAGE JURIDIQUE DE L'AMNISTIE

Le juriste dans ses recherches normatives doit sans cesse recourir au droit, se poser souvent la question suivante sur le sujet qu'il s'engage à traiter : Que dit le droit ? Aucune étude juridique ne peut se passer d'une telle interrogation.

Le but de ce chapitre est de montrer les fondements normatifs de l'amnistie en Droit international et en droit interne (Section I), les restrictions et les exceptions de l'amnistie en ce qui concerne les crimes internationaux (Section II).

Section I : L'amnistie en Droit international et en droit interne

Un rappel sur des principes généraux de la justice en Droit International des Droits de l'Homme (DIDDH)[19], à savoir le droit de recours à la justice, l'obligation de punir et la responsabilité pénale individuelle s'avère des préalables nécessaires.

Paragraphe 1 : L'amnistie, une dérogation aux principes généraux de la justice pénale

L'amnistie porte atteinte à deux principes généraux de la justice : Le droit à la justice pénale pour un procès équitable, le principe de la responsabilité pénale individuelle pour les crimes de droit commun et politique.

---

[19] Dupuy (P., M.), *Les grands textes de droit international public*, Paris, 4ème édition Dalloz, 2004, p.109.

A. Le droit à la justice[20] ou le droit de recours effectif

Le droit d'accès et de recours à la justice sont des droits que tous les instruments juridiques de protection des DH reconnaissent comme DH et garantissent en tant que tels.

La DUDH (1948) qui se présente comme l'idéal à atteindre par la communauté des hommes, les Peuples et des Nations, stipule en son article huit : « Toute personne a droit à un recours effectif devant les juridictions nationales compétentes contre les actes violant les droits fondamentaux qui lui sont reconnus par la Constitution ou par la loi. »

Plus loin, l'article 10 de cette DUH mentionne : « Toute personne a droit, en pleine égalité, à ce que sa cause soit entendue équitablement et publiquement par un tribunal indépendant et impartial, qui décidera, soit de ses droits et obligations, soit du bien-fondé de toute accusation en matière pénale dirigée contre elle ». Ces dispositions sont consacrées dans d'autres instruments relatifs aux DIDH.

Ainsi, le PIDCP (1966) dispose en son article 14 : « Tous sont égaux devant les tribunaux et les cours de Justice. Toute personne a droit à ce que sa cause soit entendue équitablement et publiquement par un tribunal compétent, indépendant et impartial, établi par 1a loi, qui décidera soit du bien-fondé de toute accusation en matière pénale dirigée contre elle, soit des contestations sur ses droits et obligations de caractère civil. 2. Toute personne accusée d'une infraction pénale est présumée innocente jusqu'à ce que sa culpabilité ait été légalement établie. »

---

[20] Cf. Principes fondamentaux et directives concernant le droit à un recours et à réparation des victimes de violations flagrantes du droit international relatif aux Droits de l'homme et des violations graves du Droit international humanitaire, adoptés et proclamés par l'Assemblée générale des Nations unies dans sa résolution60/147 du 16 décembre 2005.

La Convention Internationale sur l'Elimination de toutes les formes de Discrimination Raciale (1966) en son article six stipule : « Les Etats parties assureront à. toute personne soumise à leur Juridiction une protection et une voie de recours effective, devant les tribunaux nationaux et autres organismes d'Etat compétents, contre tous actes de discrimination raciale qui, contrairement à la présente Convention, violeraient ses droits individuels et ses libertés fondamentales, ainsi que le droit de demander à ces tribunaux satisfaction ou réparation juste et adéquate pour tout dommage dont elle pourrait être victime par suite d'une telle discrimination. »

Au niveau régional, la Charte Africaine des Droits de l'Homme et des Peuples (1981) rajoute : « 1. Toutes les personnes bénéficient d'une totale égalité devant la loi. 2. Toutes les personnes ont droit à une égale protection de la loi. » ; « 1. Toute personne a droit à ce que sa cause soit entendue. Ce droit comprend: a. le droit de saisir les juridictions nationales compétentes de tout acte violant les droits fondamentaux qui lui sont reconnus et garantis par les conventions, les lois, règlements et coutumes en vigueur; b. le droit à la présomption d'innocence, jusqu'à ce que sa culpabilité soit établie par une juridiction compétente; c. le droit à la défense, y compris celui de se faire assister par un défenseur de son choix; d. le droit d'être jugé dans un délai raisonnable par une juridiction impartiale. 2. Nul ne peut être condamné pour une action ou une omission qui ne constituait pas, au moment où elle a eu lieu, une infraction légalement punissable. Aucune peine ne peut être infligée si elle n'a pas été prévue au moment où l'infraction a été commise. La peine est personnelle et ne peut frapper que le délinquant. »

Le droit de recours à la justice et le droit d'accès à la justice expriment la possibilité de porter une affaire devant une juridiction pour faire valoir ses droits ou demander réparation lorsque ces derniers ont été bafoués.

Dans *l'affaire Aksoyc. Turquie*, La Cour Européenne des Droits de l'Homme (CEDH) précise : « La notion de 'recours effectif' [...] implique, outre le versement d'une indemnité là où il échet, des investigations approfondies et effectives propres à conduire à l'identification et à la punition des responsables et comportant un accès effectif du plaignant à la procédure d'enquête[21] ».

B. L'obligation de répression pénale

Concernant le principe de l'obligation au regard du droit positif (DI et droit centrafricain) de réprimer les crimes internationaux, les références sont nombreuses dans les Conventions de Genève (1949) et dans les Traités du DIDH. La Convention de La Haye de 1954 pour la protection des biens culturels en cas de conflit armé; le Deuxième protocole relatif à la Convention de la Haye de 1954 pour la protection des biens culturels en cas de conflit armé; la Convention de 1972 sur les armes biologiques; la Convention de 1976 sur l'interdiction d'utiliser des techniques de modification de l'environnement; le Protocole II modifié de la Convention de 1980 sur certaines armes classiques; la Convention de 1993 sur les armes chimiques; la Convention de 1997 sur l'interdiction de l'emploi, du stockage, de la production et du transfert des mines antipersonnel et sur leur destruction confèrent cette obligation implicitement ou explicitement.

Les CG applicables pendant un conflit armé, établissent le devoir de fixer les sanctions pénales adéquates à appliquer aux personnes ayant commis ou donné l'ordre de commettre des infractions graves aux Conventions.

[21] Arrêt du 18 décembre 1996, Recueil 1996-VI, par. 98.

Comme en DIH, certains Traités du DIDH obligent les Etats à poursuivre et extrader les personnes accusées d'actes interdits par lesdits Traités.

La Convention pour la Prévention et la Répression du Crime de Génocide (1948) tout en réprimant les crimes de génocide en son article 3, impose également aux Etats l'obligation de prendre des mesures prévoyant des peines effectives à l'encontre des personnes responsables du génocide.

La Résolution 3074 de l'Assemblée Générale des Nations Unies déclare : « Les Etats se prêtent mutuellement leur concours en vue de dépistage, de l'arrestation et de la mise en jugement des individus soupçonnés de tels crimes (de guerres ou contre l'humanité), ainsi que de leur châtiment s'ils sont reconnus coupables. »

La Convention contre la Torture et autres peines ou Traitements cruels, inhumains ou dégradants (1948) contraint également les Etats qui l'on ratifié de poursuivre les violateurs[22].

En DIP, si l'auteur de certains crimes peut être amnistié, selon l'Article 25 du Statut de Rome de la CPI intitulé " responsabilité pénale individuelle ", les crimes universels ne sont pas amnistiables. Cet article stipule : « 1. La Cour est compétente à l'égard des personnes physiques en vertu du présent Statut. 2. Quiconque commet un crime relevant de la compétence de la Cour est individuellement responsable et peut être puni conformément au présent Statut. » Les crimes universels sont imprescriptibles si l'on

---

[22] CIJ, 3 février 2006, Activités armées sur le territoire du Congo (Congo c. Rwanda) (interdiction du génocide) ; CIJ, 26 février 2007, Génocide (Bosnie c. Serbie)) (interdiction du génocide) ; CIJ, 3 février 2012, Immunités juridictionnelles de l'Etat (Allemagne c. Italie)) (interdiction du génocide) ; CIJ, 20 juillet 2012, Questions concernant l'obligation de poursuivre ou d'extrader (Belgique c. Sénégal) (interdiction de la torture)

se réfère à la Convention sur l'imprescriptibilité des crimes de guerre et des crimes contre l'humanité (1968).

Ces principes généraux semblent être battus en brèche par l'amnistie[23], une pratique conventionnalisée par le DIH avec des nuances bien précises ; légalisée dans certaines législations nationales de façon explicite ou de manière indirecte en référence aux textes internationaux ratifiés.

Paragraphe 2 : L'objet et le champ d'application de l'amnistie en Droit international et en droit interne.

Le parcours de l'ancrage de l'amnistie en DI et en droit interne permet de lever le voile sur les dispositions normatives en la matière. Il y ressort unanimement que les crimes internationaux ne sont pas amnistiables comme nous pouvons constater dans le développement ci-dessous.

A. L'amnistie en Droit International

La pratique de l'amnistie existait au niveau national avant d'émerger au plan international. En DI, on trouve à première vue, un tampon de l'amnistie dans le DIH. C'est cette *lex spécialis* des conflits armés qui conventionnalise de manière explicite l'amnistie. L'article 6 paragraphe 5 du Protocole II additionnel aux CG relatif aux CANI dispose :

« A la cessation des hostilités, les autorités au pouvoir s'efforceront d'accorder la plus large amnistie possible aux personnes qui auront pris part au conflit armé ou qui auront été privées de liberté pour des motifs en relation avec le conflit armé, qu'elles soient internées ou détenues. »

Il s'agit des mesures extrajudiciaires, prises pour créer un climat apaisé et également pour faire respecter le DIH.

Pour le CICR, l'objet de l'amnistie est d'encourager un geste de réconciliation qui contribue à rétablir le cours

[23] L'amnistie est incompatible avec le devoir des Etats d'enquêter sur les crimes.

normal de la vie dans un peuple qui a été divisé [24]. Selon le DIH coutumier cette amnistie ne concerne pas les crimes de guerre[25].

Relativement aux CAI, les dispositions sur l'amnistie ne sont pas très claires et prêtent à plusieurs interprétations. A ce sujet, l'article commun 51/52/131/148 aux CG dispose : « Aucune (Haute) Partie contractante ne pourra s'exonérer elle-même, ni exonérer une autre Partie contractante, des responsabilités encourues par elle-même ou par une autre Partie contractante des infractions prévues à l'article précédent. »

Pierre d'Argent commente : « La disposition (de l'article commun) est ambiguë. Le plus souvent, on l'interprète comme interdisant aux Etats de renoncer entre eux à l'obligation de réparer qui découle de la commission des crimes de guerre. Il est sans doute plus correct de considérer qu'elle signifie que l'accusé ne peut pas se déduire d'un accord interétatique de renonciation à la réparation le fait qu'il ne pourrait plus être puni. En outre, cet article signifie aussi que les Etats ne peuvent pas, par convention internationale, s'accorder des amnisties relatives à des crimes de guerre. Mais la disposition ne limite en ce cas les amnisties convenus par traité. Elle n'empêche pas les amnisties internes[26] ».

A la suite du DIH, d'autres instruments de DIDH encouragent les Etats à prendre certaines mesures (dont l'amnistie en filigrane) pour garantir la paix, la sécurité et promouvoir les DH.

---

24 Martinus (N.), « Commentaire des protocoles additionnels du 8 juin 1977 aux Conventions de Genève du 12 août 1949 », *in Revue du CICR* n°4618, p.1426.

25 Les infractions graves au Protocole additionnel I sont définies dans les articles 11(4), 85(3) et 85(4) et constituent des crimes de guerre.

26 Argent (P.), *Les Réparations de guerre en droit international public. La responsabilité internationale des Etats à l'épreuve de la guerre*, Bruxelles, Bruylant, p.769.

Ainsi l'article 4 du PIDCP dispose : «1. Dans le cas où un danger public exceptionnel menace l'existence de la nation et est proclamé par un acte officiel, les parties au présent Pacte peuvent prendre, dans la stricte mesure où la situation l'exige, des mesures dérogeant aux obligations prévues dans le présent Pacte, sous réserve que ces mesures ne soient pas incompatibles avec les autres obligations que leur impose le droit international et qu'elles n'entraînent pas une discrimination fondée uniquement sur la race, la couleur, le sexe, la langue, la religion ou l'origine sociale. 2. la disposition précédente n'autorise aucune dérogation aux articles 6, 7, 8 (par. 1 et 2), 11, 15, 16 et l8. 3). Les Etats parties au présent Pacte qui usent du droit de dérogation doivent par l'entremise du Secrétaire général de l'Organisation des Nations Unies (ONU), signaler aussitôt aux autres Etats parties les dispositions auxquelles ils ont dérogé ainsi que les motifs qui ont provoqué cette dérogation. Une nouvelle communication sera faite par la même entremise, à la date à laquelle ils ont mis fin à ces dérogations. »

De plus, dans les Résolutions 1996/71 et 1996/73, le Conseil de Sécurité et l'Assemblée Générale de l'ONU, la Cour Européenne des Droits de l'Homme (CEDH), l'OTAN et l'Union Européenne (UE) sont favorables à l'octroi de l'amnistie aux personnes qui ont simplement pris part aux conflits [27].

Les restrictions ou les interdictions de ces institutions internationales ou encore la prohibition de l'amnistie par les institutions onusiennes[28] voire internationales ne

27 Pratique relative à la Règle 159 de l'étude du CICR sur le DIH coutumier, disponible sur : https://ihl-databases.icrc.org/customary-ihl/eng/docs/v2_rul_rule159 (en anglais uniquement Consulter le 10 mai 2019).

28 Le Comité des droits de l'homme de l'ONU, le Comité contre la torture, la Commission des droits de l'homme, certains rapporteurs spéciaux de l'ONU.

concernent que les crimes internationaux. Certains crimes à savoir le crime de guerre, le crime contre l'humanité et le crime d'agression sont à exclure du champ d'application de l'amnistie.

B. L'amnistie en droit interne

La Constitution de la République Centrafricaine ne comporte pas une clause explicite relative à l'amnistie comme cela est le cas dans la Constitution malienne promulguée par le décret N° 92-0731 P-CTSP. L'article 45 de la Constitution malienne évoquée dispose : « Le Président de la République est le Président du Conseil Supérieur de la Magistrature. Il exerce le droit de grâce. Il propose les lois d'amnistie. »

L'application de l'amnistie en RCA peut être juridiquement fondée par la ratification des traités internationaux comme les CG, le PIDCP, et aussi, par la référence à l'article 41 de la Constitution centrafricaine du 30 mars 2016 qui dispose : « Lorsque les circonstances l'exigent, le Président de la République peut soumettre au référendum, après avis du Conseil des Ministres, celui du bureau de l'Assemblée Nationale, celui du bureau de Senat et celui du Sénat et celui du Président de la Cour Constitutionnelle, tout projet de loi ou, avant sa promulgation, toute loi déjà votée par le Parlement. »

La Constitution centrafricaine précise que c'est l'Assemblée Nationale qui doit adopter les lois (dont les projets des lois d'amnistie) avant leur promulgation par le Président de la République. Le législateur pénal centrafricain proscrit l'amnistie des crimes internationaux.

Section II : Les restrictions et exceptions de l'amnistie

Les restrictions ne concernent que les crimes internationaux. Quant aux exceptions, elles concernent les cas des Enfants Associés aux Groupes Armés (EAFGA) qui ont commis des crimes internationaux. Le CICR plaide pour leur non poursuite.

Paragraphe 1 : Les restrictions de l'amnistie

Ces restrictions sont mentionnées de façon explicite dans les instruments juridiques aux plans international et national.

A. Les restrictions en Droit International et en droit interne

Qu'ils s'agissent des CANI ou des CAI, conformément aux dispositions du DIH, nous lisons ce qui suit : « Les États parties aux CG et aux PA ont l'obligation de prendre les mesures nécessaires pour mettre un terme à tous les actes contraires aux dispositions prévues par ces instruments. Ils doivent en outre enquêter sur les crimes de guerre qui auraient été commis par leurs ressortissants, ou sur leur territoire, ainsi que sur tous les autres crimes de guerre relevant de leur compétence, notamment sur la base de la compétence universelle, et, s'il y a lieu, poursuivre les suspects. » Il s'agit d'un énoncé contraignant de portée universelle.

L''extension de l'interdiction d'amnistier les crimes s'appliquent tant au crime de guerre[29] qu'au crime de génocide[30], au crime contre l'humanité[31] et au crime d'agression[32].

Dans le Code pénal centrafricain (2010), les crimes sont abordés à partir de l'article 152 à l'article 161. L'article

29 Article 8 du statut de la CPI.

30 Article 6 du Statut de la CPI.

31 Article 7 du Statut de la CPI.

32 Pour plus d'informations sur les amnisties, voir Haut-Commissariat des Nations Unies aux droits de l'homme, Les instruments de l'état de droit dans les sociétés sortant d'un conflit. Amnisties, New York et Genève, 2009, disponible sur http://www.ohchr.org/Documents/Publications/Amnesties_fr.pdf.

161 est très significatif et renseigne sur la responsabilité pénale individuelle en matière de crimes internationaux et leur répression : « L'auteur ou le complice d'un crime visé par le présent chapitre ne peut être exonéré de sa responsabilité du seul fait qu'elle a accompli un acte prescrit ou autorisé par des dispositions législatives ou réglementaires ou un acte commandé par l'autorité légitime. Toutefois, la juridiction tient compte de cette circonstance lorsqu'elle détermine la peine et en fixe le quantum ». L'article 162 énonce : « L'action publique relative aux crimes prévus par les sections I, II et III du présent titre ainsi que l'action civile et les peines prononcées sont imprescriptibles. Les crimes ci-dessus cités ne peuvent faire l'objet d'amnistie ou de grâce. Toute immunité relevant du statut national est inopposable ».

Dans *L'initiative parlementaire pour l'adoption d'un plan de paix en RCA*, adoptée par acclamation le 26 mai 2007, les parlementaires centrafricains déclarent : « Les crimes de génocide, les crimes contre l'humanité et les crimes de guerre ne sont pas amnistiables. » Cela sous-tend pour ouvrir une parenthèse que d'autres crimes sont susceptibles d'être amnistiés.

B. Les restrictions assorties des décisions des tribunaux pénaux spéciaux

L'article 16 de l'Accord relatif à la création du Tribunal spécial pour le Liban énonce : « Le gouvernement s'engage à n'amnistier aucune personne des crimes relevant de la compétence du Tribunal Spécial. Toute amnistie accordée à quelconque pour l'un de ces crimes (parlant des crimes universels) ne fera pas obstacles à l'exercice des poursuites ».

En Sierra Leone, l'amnistie était accordée, à la suite de l'Accord de Lomé conclu en 1999, jugé favorabe au « Revolutionary United Front » (RUF) dirigé par Foday

SANKHO[33]. Bien que l'Accord ait été paraphé également par le Gouvernement togolais, l'Organisation de l'Unité Africaine (OUA), la CEDEAO, le Commonwealth, ainsi que les Nations Unies elles-mêmes, le Tribunal Spécial pour la Sierra Leone estime que l'amnistie accordée pour sauver la paix est contraire aux obligations contenues dans certains Traités dont le but est de protéger l'humanité[34].

Le Tribunal Spécial pour la Sierra Leone, dans sa *Décision sur l'exception d'incompétence : amnistie prévue par l'Accord de Lomé (2003)*, a observé que l'octroi d'une amnistie par un État n'empêchait pas de traduire les auteurs présumés de crimes de guerre et d'autres crimes internationaux graves devant un tribunal international[35].

Dans l'affaire *Le Procureur c. Anto Furundžija (1998),* qui traitait d'actes de torture constitutifs de crimes de guerre, le Procureur a souligné qu'une amnistie accordée pour des crimes dont l'interdiction a valeur du *jus cogens* était nulle et non avenue. Par voie de conséquence, « Les Etats ne peuvent prendre des mesures nationales autorisant ou tolérant la pratique de la torture ou amnistiant les tortionnaires[36] .»

---

[33] L'Accord de Lomé signé le 7 juillet 1999 en son article IX, points 1 et 2 garantit l'amnistie de FODAY Sankho et de ses combattants.

[34] Decision du 13 mars 2004, paragraphe 4: « Even if the opinion s held that Sierra Leone may not have breached customary law in granting an manesty, this court is entitled in th exercise of its discretionary power, to attribute little or a weight to the grant of such amnesty which is contary to the obligations in certain treaties and conversations the purpose of which is to protct humanity. »

[35] Bullier (A.), « Souveraineté des États africains et justice pénale internationale : une remise en cause ? », in *Afrique contemporaine*, 2e trimestre 2001, n° 198, p. 82.

[36] Ascensio (H.) et Maison (R.), *Annuaire français de droit international (AFDI)*, Paris, 1998, pp.370

Les arguments défendent l'interdiction d'amnistier les crimes universels[37]. Ils constituent des tendances dominantes en DI que l'auteur Maison (R.) considère comme un discrédit de l'amnistie. Nous lisons : « Un Etat ne peut pardonner un crime, tel qu'un crime de Droit International, que d'autres Etats sont amenés à garder en mémoire et à poursuivre ». De même, en vertu du principe de la compétence universelle, « un Etat ne peut interdire à un autre de poursuivre l'auteur d'un crime en recourant à l'amnistie ».

Dans l'affaire *Velasquez-Rodriguez,* la Cour Interaméricaine des Droits de l'Homme déclare : « les Etats doivent prévenir toute violation des droits reconnus par les conventions et enquêter au sujet de toute violation et la punir[38] ».

Paragraphe 2 : Les exceptions à cette incompatibilité

Les exceptions s'appliquent aux Enfants Associés aux Forces et Groupes Armés (EAFGA).

A. Le phénomène des EAFGA

Le phénomène de la participation des enfants dans les conflits armés est diversement traité, appréhendé par le DIH, le DIDH en particulier le DIP. Le DIH offre des paramètres clairs sur la protection des enfants pendant les conflits armés et qualifient de crime de guerre, le recrutement des enfants soldats[39]. Mais lorsque ces derniers

---

[37] Tribunal pénal international pour l'ex-Yougoslavie, *Le Procureur c. Anto Furundžija* , affaire n° IT-95-17/1-T, jugement du 10 décembre 1998, § 155, disponible sur http://www.icty.org/x/cases/furundzija/tjug/fr/fur-tj981210f.pdf (consulté le 3/27/2019)

[38] Cour interaméricaine des droits de l'homme, Affaire *Velasquez Rodriguez*, Arrêt du 29 juillet 1988, série C, n° 4, § 172.

[39] L'article 72 du Protocole additionnel I de 1977 proscrit le recrutement des enfants de moins de quinze dans les groupes et forces armées.

participent aux hostilités, il devient alors difficile de les considérer, soit comme des civils, soit comme des combattants[40].

Le CICR dans son *Guide interprétatif* a essayé d'apporter une précision. Il part d'une notion, celle de « la fonction de combat continue » qu'il définit en ces termes :

« Une fonction de combat continue exige une incorporation durable dans un groupe armé organisé agissant en tant que forces armées d'une partie non étatique à un conflit armé. En conséquence, les personnes dont la fonction continue implique la préparation, l'exécution ou le commandement d'actes ou d'opérations constituant une participation directe aux hostilités assument bel et bien une fonction de combat continue. Une personne recrutée, entraînée et équipée par un groupe armé organisé pour participer, en son nom, aux hostilités de manière continue et directe peut être considérée comme assumant une fonction de combat continue (même avant que cette personne commette un acte hostile[41] ».

Le CICR déduit que les enfants qui se trouvent dans la situation de fonction de combat continue sont des combattants et ceux qui ne le sont pas doivent être considérés comme des civils. Qu'en est-il de la responsabilité pénale des premiers ?

---

[40] Provost (R.), « Enfants-soldats en droit international humanitaire : civils ou combattants ? Expériences et réflexions canadiennes », *in Canada et droit international : 150 ans d'histoire et perspectives d'avenir* | document no 19 — mars 2018

[41] Melzer (N.), dir, Guide interprétatif sur la notion de participation directe aux hostilités en droit international humanitaire, CICR, 2010 à la p 36, en ligne : <www.icrc.org/fr/publication/0990-guide-interpretatif-sur-lanotion-de-participation-directe-aux-hostilites-en-droit>

B. Les EAFGA et la responsabilité pénale pour crimes internationaux.

Les *Principes de Paris* précisent : « Les enfants qui ont été recrutés ou employés illégalement par les forces ou groupes armés, ne doivent jamais être arrêtés, poursuivis ou sanctionnés ou menacés de poursuites ou de sanction au seul titre de leur appartenance ou association à ces forces ou groupes. Les enfants accusés d'avoir commis des crimes de droit international ou national alors qu'ils étaient recrutés ou employés illégalement par les forces armées ou des groupes armés ont le droit d'être traités conformément aux normes internationales relatives à la justice pour mineurs. Les lois et normes internationales applicables doivent toutes être strictement respectées compte dûment tenu du statut d'enfant des intéressés. On cherchera à appliquer au niveau national des procédures de substitution à la procédure judiciaire. »

La Représentante Spéciale du Secrétaire Général des Nations Unies (RSSGNU) pour les enfants et les conflits armés a appelé les États à réfléchir à d'autres mesures que les poursuites et la détention pour les enfants présumés ou reconnus coupables de liens avec des groupes armés[42]

[42] Voir : Rapport annuel de la Représentante spéciale du Secrétaire général pour les enfants et les conflits armés (A/HRC/28/54), Comité des droits de l'homme, Vingt-huitième session, 29 décembre 2014

CHAPITRE II

LES EXPERIENCES CENTRAFRICAINES D'AMNISTIE

La RCA a enregistré trois lois d'amnisties. Ce chapitre se propose d'analyser deux parmi elles, à savoir l'ordonnance N°03.003 du 13 avril 2003 (Section I) et la Loi n° 08.020 du 13 octobre 2008 (Section 2) pour évaluer leur pertinence sur le plan juridique et sur le plan de la mise en œuvre, ceci en lien avec la question des droits des victimes à la justice et la réparation.

Section I : L'analyse de l'ordonnance N°03.003 du 23 avril 2003

Un texte de loi est le fruit de son temps. Au-delà d'une évocation historique, l'analyse du contexte socio-politique et du sens et de la portée de l'ordonnance N°03.003 du 13 avril 2003 structure cette partie et est une clé de compréhension préalablement indispensable.

Paragraphe 1 : Le contexte de promulgation de l'ordonnance N°03.003 du 23 avril 2003

Le contexte sociopolitique est celui de la tentative du coup d'Etat du 28 mai 2001 et de l'activisme de la rébellion de Bozizé ayant soldé à la prise du pourvoir de l'Etat par la force le 15 mars 2003. Les violations graves des DH ont été commises au cours de cette période.

A. Le contexte socio-politique

Cette ordonnance d'amnistie fait suite à une série de crises militaro-politiques. Elle se réfère explicitement aux événements du 28 mai 2001. Pour rappel, le 28 mai 2001, un groupe de mutins et d'individus non identifiés a tenté de renverser le Président Ange Félix Patassé qui a accédé au pouvoir à la suite des élections démocratiques de 1993. La paternité de cette tentative de coup d'Etat a été réclamée par l'ex-Président le général André KOLINGBA qui fit cette déclaration le 30 mai sur les ondes de la RFI : « Les mutins et le Général NDJENGBOT m'ont consulté en tant qu'ancien chef de l'Etat et général des armées ; je m'engage à rétablir l'unité nationale ébranlée et la paix ; à assurer la transition vers des élections futures ; je demande à Patassé de démissionner ; je demande à la France de m'aider. »

Face à cette situation, le Président Ange Félix PATASSE fit appel aux troupes de Jean Pierre BEMBA[43]. André KOLINGBA et ses éléments ont été contraints de partir en exil, leurs biens ont été détruits à la suite de la contre-offensive conjointe des forces armées loyalistes et des éléments de Jean Pierre BEMBA.

Les jours qui suivent, les brouilles ont par la suite vu le jour entre le président PATASSE et le chef d'Etat-major des FACA, BOZIZE Elles sont soldées par le limogeage de François BOZIZE, le 26 octobre 2001 de son poste de chef d'Etat-major. Il est accusé de complicité au coup d'Etat manqué. Le 3 novembre 2001, un mandat d'amener a été présenté à BOZIZE. Ce dernier refuse d'obtempérer puis il prît le chemin de l'exil avec certains FACA vers Sido (Nord de la RCA), après quelques jours de résistance violente dans la ville.

---

[43] Telle est la justification du Président Patassé. : « 'J'ai dit non ! - martèle Patassé à ses concitoyens - J'ai immédiatement fait appel à mon fils Bemba, pour qu'il m'envoie ses hommes afin de donner un coup de main à nos soldats. C'est pourquoi ils sont venus. Je sais qu'il y a des choses qui se sont passées. J'ai dit bon ! On mettra une Commission en place pour évaluer tout cela ».

Pour remédier à cette crise, la Lybie et le Gabon se sont mobilisés. La FIDH évoque ce constat : « Les efforts de la Libye et du Gabon pour obtenir du Président Patassé une loi d'amnistie en faveur des " putschistes de mai 2001 ", comme passage obligé vers une paix durable en RCA, ont été vains. Les sommets de Khartoum (2-3 décembre 2001) et de Libreville (4-5 décembre 2001) n'ont pu infléchir la position du Chef de l'Etat. Une demande d'arrestation et d'extradition du Général Bozizé et de ses hommes est refusée par le Tchad qui oppose à la RCA le droit à l'asile politique. La tension se fait sentir dans les relations entre les deux Etats. Ils s'accusent mutuellement de mouvements de troupes à leurs frontières respectives. »

Au plan judiciaire, PATASSE a accepté des concessions relatives au sujet des poursuites contre BOZIZE. Le pouvoir a souhaité le retour de BOZIZE. Toutefois s'il lui arrive de commettre à nouveau un coup d'Etat, il sera poursuivi. De son côté, BOZIZE n'a conditionné son retour qu'au départ des troupes libyennes.

En août 2002, un violent affrontement s'est produit entre des éléments d'Abdoulaye MISKINE chargé par PATASSE de sécuriser la frontière centrafricano-tchadienne aux éléments de BOZIZE, à Sido, du côté tchadien. En représailles, l'armée tchadienne est intervenue. Ces représailles auraient profité aux hommes de BOZIZE de gagner à nouveau du terrain.

Le 2 octobre un sommet de la CEMAC s'est tenu à Libreville. L'accord y relatif, prévoyait le remplacement des troupes libyennes par les troupes de la CEMAC (300 hommes qui devraient appuyer les FACA, restructurer l'armée et assurer la sécurité du chef de l'Etat). De plus les deux protagonistes qui ont brouillé les relations centrafricano-tchadiennes à savoir Martin KOUMTAN-MADJI alias Abdoulaye MISKINE et François BOZIZE devraient être éloignés de la RCA et du Tchad. ; la coopération entre les deux pays devrait revenir au beau fixe. Ces recommandations ont manqué d'effet en réalité sur les terrains.

Du 25 au 30 octobre 2002, la ville de Bangui a enregistré, de nouveau, des violents affrontements qui ont opposé les troupes loyalistes appuyés par les forces libyennes et les éléments de Jean Pierre BEMBA aux hommes de BOZIZE qui sont entrés dans la ville pour renverser le pouvoir. Les assaillants ont été repoussés vers le Nord, à partir duquel ils projettent des attaques dans les villes et les villages contre les populations civiles.

Au plan politique interne, le 22 novembre 2002, l'Assemblée nationale a adopté une résolution pour condamner la tentative de coup d'Etat du général BOZIZE et appeler au dialogue national dans un effort de réconciliation de la population centrafricaine.

« La résolution prévoit la mise en place d'un gouvernement de crise. Elle demande également l'intervention des bailleurs de fonds de la communauté internationale afin d'aider la RCA. Elle autorise le Premier Ministre, Martin ZIGUELE, à prendre la direction d'une enquête interministérielle dans le but d'évaluer les dommages causés par la tentative de coup d'Etat. Enfin, elle condamne le Tchad pour avoir prétendument aidé l'attaque du général Bozizé et demande à la France d'empêcher les politiciens centrafricains présents sur son territoire d'organiser des actions ayant pour but la déstabilisation du régime en place. ».

Malgré le départ des forces libyenne obtenu, la visite d'amitié d'Idriss Deby en RCA l'insécurité sévît. PATASSE fit appel de nouveau aux éléments de Jean Pierre BEMBA[44] qu'ont mené des attaques et repoussé les rebelles

44 La RCA a enregistré sur son territoire des mercenaires Tchadiens, congolais, français, soudanais, à la solde de l'instabilité. Ce phénomène

de BOZIZE, et ont libéré certaines villes. Cette victoire apparente pousse PATASSE à s'envoler au Niger pour le sommet de *The Community of Sahel-Saharan States* (CEN-SAD). Les rebelles de BOZIZE ont saisi ce moment et ont fait une percée à Bangui.

Le 15 mars 2003, les rebelles de BOZIZE ont empêché l'avion de Président PATASSE d'atterrir et ont pris le pouvoir. Le 16 mars, BOZIZE a nommé le Professeur Abel GOUMBA au poste de premier ministre qui mit en place le 31 mars 2003 un gouvernement de transition.

Fin avril, précisément le 23 avril 2003, le président autoproclamé amnistie par l'ordonnance n° 03.003 « toutes les infractions en relations avec les évènements d'ordre politique du 28 mai 2001 ».

B. La situation des DH pendant la période couverte par l'ordonnance

La période du 28 mai 2001 au 15 mars 2003 a été marquée par des violations graves des DH et du DIH.

En Février 2003, la FIDH a enquêté sur les crimes commis en RCA, un mois avant la prise effective du pourvoir de l'Etat par François BOZIZE. La responsabilité des crimes universels a été attribuée à quatre acteurs clés de la crise[45], à l'exception du président André KOLINGBA, qui après sa tentative indirecte de coup d'Etat, ne s'est contenté que de son exil, ayant tout perdu.

B.1 La responsabilité de Bozizé

Le rapport souligne : « Il ressort des témoignages recueillis par la mission de la FIDH que les crimes commis contre la population civile relèvent de la catégorie des

---

a été constaté depuis 2001 à 2014. Ceci est un signe de faiblesse l'Etat, des FACA.

[45] FIDH, Rapport de mission internationale d'enquête, *Crimes de guerre en République Centrafricaine*, n°355, février 2005, pp15-31.

crimes de guerre. (...). En l'espèce, à la lumière des témoignages recueillis par les chargés de mission, il est notoire que des actes prohibés par le Statut de Rome en son article 8, par l'article 3 commun aux Conventions de Genève et autres lois et coutumes applicables aux conflits internes, tels que les meurtres et les atteintes portées à la vie et à l'intégrité corporelle, ont été commis lors des combats dans la capitale. Ces actes ont été perpétrés entre le 25 et le 31 octobre 2002 tant par les forces loyalistes que par les troupes de Bozizé contre des personnes qui ne participaient pas directement aux hostilités [46]».

B.2 La responsabilité de Jean Pierre Bemba

Selon la FIDH, des enquêtes menées sur le terrain confirment que des meurtres viols, pillages et meurtres ont été commis par des mercenaires congolais "banyamulengues". Il s'agit des crimes de guerre dont la responsabilité pénale internationale est attribuée à Jean Pierre. Le rapport conclut : « Les témoignages recueillis par les chargés de mission rendent parfaitement compte de l'existence de ces crimes commis après le 25 octobre 2002 par les Banyamulengues. Les atteintes à la vie et à l'intégrité corporelle, viols, pillages et destructions de biens ont été commis à l'encontre de la population civile. Ils constituent des violations graves des Conventions de Genève et des lois et coutumes de la guerre et ainsi relèvent de l'article huit [47]».

B.3 La responsabilité d'Abdoulaye Miskine

Après avoir analysé tous les contours des violations attribué à Miskine, le rapport précise ce qui suit : « Miskine est donc individuellement et pénalement responsable de la tuerie au marché à bétail, ce directement comme coauteur

---

46 FIDH, idem, p. 7-14.
47 FIDH, ibidem, p14-24

selon l'article 25 du Statut de la CPI, mais aussi indirectement comme supérieur hiérarchique selon l'article 28 du Statut de la Cour [48]».

B.4 La responsabilité de Ange Félix Patassé

La FIDH déclare dans son rapport précité : « Selon l'article 28 du Statut de la CPI, Ange-Felix Patassé doit être tenu pénalement individuellement responsable, en tant que supérieur hiérarchique, pour les crimes de guerre commis par les hommes de Miskine et de Jean-Pierre Bemba, ses subordonnés ».

Ces violations des DH constatées ont aussi mis à mal la cohésion sociale, l'unité nationale. Du coup, les préoccupations de l'unité nationale et de paix vont primer sur les droits des victimes.

Paragraphe II : Le sens de l'ordonnance et sa portée sur les droits des victimes

Il est question de montrer la signification de cette ordonnance et son impact sur la mise en œuvre des DH en général et ceux des victimes en particulier.

A. Le sens de l'ordonnance

Dans les Constitutions classiques, l'alternance politique par un coup d'Etat est strictement prohibée. La Constitution de la RCA[49] en vigueur à l'époque a toujours prôné l'alternance politique par les élections libres et démocratiques. Elle dispose : « La souveraineté appartient au peuple Centrafricain qui l'exerce soit par voie de referendum, soit par l'intermédiaire de ses représentants. Aucune fraction du peuple, ni aucun peuple ne peut s'en attribuer l'exercice, ni l'aliéner. Les institutions éligibles, chargées de diriger l'Etat tiennent leur pourvoir du peuple

---

48 FIDH, ibidem, p 24-31

49 La RCA s'est dotée de sa première Constitution en 95.

par voie d'élections, au suffrage universel direct ou indirect ».

La prise du pouvoir par la force est contraire aux principes de la Charte Africaine de la Démocratie, des Elections et de la Bonne Gouvernance[50] (2007).

Les différentes condamnations du coup d'Etat de BOZIZE par les organisations sous régionales, régionales et internationales comme la CEMAC, l'UA, l'UE, l'ONU s'appuient sur l'illégitimité et l'illégalité de son acte. Certains pays comme le Niger et l'Afrique du Sud ont condamné ce coup de force et ont demandé le rétablissement dans ses fonctions du Président élu démocratiquement, Ange Félix PATASSE.

En se référant au contexte, cette amnistie unilatérale prise le 23 avril 2003 n'est rien d'autre qu'une manœuvre politique et politicienne pour susciter les espoirs de la réconciliation nationale et faciliter l'adhésion populaire au projet politique de BOZIZE. En jetant un discrédit sur les lois et les institutions de la République, cette amnistie consacre la négation des droits des victimes au sens où la possibilité d'un recours effectif était illusoire. Le contenu des lois d'amnistie renseigne à suffisance.

« Sont amnistiés toutes les infractions commises en relation avec les évènements d'ordre politique du 28 mai 2001 »[51]

Fondamentalement, il s'agit d'une amnistie générale. Elle s'applique également aux troupes étrangères qui sont aussi intervenues en RCA. Celles-ci sont aussi les bénéficiaires de cette amnistie. En conséquence, elles ne peuvent pas être poursuivies par les juridictions centrafricaines.

---

[50] Article 3 de la Chartre Africaine de la Démocratie, des Elections et de la Bonne Gouvernance.

[51] Article 1er de l'ordonnance N°03.003 du 23 avril 2003.

En ce qui concerne les infractions, cette ordonnance à fait un silence sur les crimes de sang. L'absence d'une clause spécifique sur ce crime ne donnerait-il pas à croire que cette amnistie les enregistre aussi ? Le fait qu'au cours de cette période la RCA n'a pas adapté sa législation nationale au DIP peut-elle constituer une excuse pour ne pas mentionner que ces crimes ne sont pas amnistiables ? La RCA avait déjà ratifiée le Statut de Rome de la Cour Pénale Internationale (CPI). Cette imprécision sur les crimes internationaux prête à confusion. Etant un des bénéficiaires de cette amnistie, BOZIZE ne voudrait pas aussi s'autoaccuser pour des crimes internationaux d'où le silence sur ces crimes et cette mention vague : « toutes les infractions commises ». Au cours de la période sous examen, des crimes de guerres ont également été commis.

La délimitation temporelle de cette ordonnance d'amnistie pose un sérieux problème au sens où elle ne précise pas la borne supérieure. Cette absence de précision consacrerait-elle intentionnellement l'impunité[52] de certaines infractions commises également par BOZIZE et ses éléments après le 23 mars 2003, date de promulgation de cette ordonnance d'amnistie ? L'impunité semble couvrir la période d'après le 23 mars 2003.

Qui plus est, cette amnistie est une auto-amnistie pour BOZIZE puisqu'il était aussi impliqué dans les évènements du 28 mai 2001. Il se fait justice par soi-même et à tous ces camarades d'armes impliqués dans les violations graves des DH eu DIH.

[52] Observatoire Pharos, *Victimes, impunité, justice et réconciliation : Mission de veille, d'étude et de réflexion prospective sur la reconstruction et les enjeux de justice,* Octobre 2018. Lien : https://www.observatoirepharos.com/wp-content/uploads/2016/09/20161031-Rapport-Pharos-Justice-ok.pdf (Consulté le 10 avril 2019)

Le Comité des Droits de l'Homme des Nations Unies (CDHNU) déclare : « Une telle amnistie empêche que les enquêtes voulues ne soient menées et que les auteurs d'exactions passées soient punis, compromet les efforts tendant à instaurer le respect des droits de l'homme, contribue à un climat d'impunité pour les responsables de violation des droits de l'homme[53] ».

L'article 2 de cette ordonnance renvoie aux droits des tiers : *« L'amnistie ne préjudicie pas aux droits des tiers. De même l'amnistie ne peut être opposée aux Administrations de l'Etat agissant, comme partie civile en suite d'infraction ayant porté préjudice soit au Trésor Public soit au domaine de l'Etat. En cas d'instance sur les intérêts civils, le dossier pénal sera versé aux débats et mis à la disposition des parties. Les juridictions civiles seront compétentes et, dispense sera faîte des provision réglementaires ; Lorsque la juridiction aura été saisi avant la signature de la présente ordonnance, soit par citation, soit par ordonnance de renvoi, cette juridiction restera compétente pour statuer sur le cas échéant, sur les intérêts civils »*

Cet article est le plus long de tous les articles de l'ordonnance. Nous pouvons le lire aussi en parallèle avec l'avec l'article 1832 du code civil centrafricain. Cet article 2 ouvre une perspective aux réparations pour les tiers en général et pour les victimes en particulier[54]. Il s'agit d'une possibilité d'action civile. Il ressort de cet article que la notion de victime s'étend tant aux personnes individuelles qu'aux personnes morales comme l'Etat. L'on a tendance à oublier l'Etat qui souvent paie une lourde tribu des atteintes

---

[53] Comité des Droits de l'Homme, « Commentaires sur l'Argentine », *in Rapport du Comité des droits de l'homme*, 50ème Session de l'Assemblée générale des Nations Unies, Supplément n° 40, p. 31,

[54] Ce principe est connu sous l'expression « principe de la réserve du droit des tiers ».

aux DH dont les droits de propriété. En RCA, la crise militaro-politique a profondément affecté l'Etat puisque les rebelles combattent contre l'autorité établie qui l'incarne en détruisant ses infrastructures ou en les confisquant de force.

B. La portée de l'ordonnance sur les droits des victimes

Si l'on se réfère au contexte du 28 mai 2001 au 15 mars 2003, il n'est point de doute de noter que pendant cette période, même la chaine pénale ne fonctionnait pas normalement. Les tribunaux ont été saccagés dans la plupart des provinces. L'autorité judicaire s'est volatilisée car le coup d'Etat était l'expression de la négation de l'ordre public. Les prisons ont également été détruites et les prisonniers ont été libérés dans la liesse du coup d'Etat salué comme une libération du peuple centrafricain. Certains hommes politiques de l'époque dont Me Nicolas TIANGAYE, Pr Abel GOUMBA ont qualifié ce coup d'Etat de sursaut patriotique.

Entre 2003 et 2005, le contexte socio-économique ne permettait pas aussi d'assurer la dimension sociale des droits des victimes. Le Premier Ministre de l'époque Abel GOUMBA était obligé de faire face aux salaires en procédant aux abattements unilatéraux de salaires de certaines catégories fonctionnaires.

Avec un tel contexte socioéconomique tendu, il est illusoire de croire à la prise en compte de la dimension sociale des victimes. Le Président auto-proclamé François BOZIZE était plus préoccupé par l'indemnisation des mercenaires qui l'ont accompagné à Bangui et qui l'ont aidé militairement à prendre le pouvoir que par la constitution d'un fonds national pour les victimes. Même de façon symbolique, il n'a rien fait pour les victimes. Par contre, il a construit deux monuments dans la ville de Bangui : L'un, en face de la Paroisse Notre Dame d'Afrique dans le IVème arrondissement, en mémoire des militaires tombés sur le champ de bataille ayant abouti à la prise du pouvoir le 15 mars ; l'autre en mémoire de l'ex-Président gabonais feu Omar BONGO, au lieu-dit Place *Marabéna*, à Bangui pour honorer le rôle joué par ce leader gabonais de l'époque dans la crise centrafricaine et dans la vie de BOZIZE.

Selon une source diplomatique internationale, il faut aussi déplorer le fait que les mesures d'accompagnement de la communauté internationale étaient très insuffisantes par rapport au nombre pléthorique des victimes.

Certaines dispositions comme l'article 3 de l'ordonnance ne sont que motivées par des raisons politiques. Visiblement, l'article 3 empêche certaines personnalités de revenir dans leur pays après le coup d'Etat à savoir, Ange Félix PATASSE. Cet article comporte les germes de la discrimination, d'exclusion.

Section II : L'analyse de la Loi n° 08.020 du 13 octobre 2008

En 2005, la RCA a connu des élections couplées que BOZIZE a rempilé pour un second quinquennat. De l'illégalité, BOZIZE est alors le Président RCA au sens constitutionnel malgré quelques irrégularités électorales constatées par l'Union Européenne (UE).

Sur le plan social, ce premier quinquennat a donné satisfaction puisque les questions sociales en particulier le paiement des salaires ne posait pas de problème. C'est sur le plan sécuritaire que le bât blesse, marqué par l'activisme des groupes armés UFDR, APRD, FDPC et des FACA. Cet activisme s'accompagne généralement des violations des DH et du DIH.

Paragraphe 1 : Le contexte de promulgation de la Loi n° 08.020 du 13 octobre 2008

Au niveau politique et sécuritaire, le contexte a été marqué la signature des accords de paix. Ces accords n'ont pas mis un terme aux désaccords d'où la reprise des violences, les violations des droits de l'homme. De plus, l'amnistie qui en découlera n'apporte pas un grand changement. L'expérience conforte l'hypothèse de la routinisation de la crise centrafricaine.

A. Le contexte socio-politique

Redisons que l'activisme des groupes armés ou l'insécurité résume la situation de la RCA au cours de la période de 2005 à 2008. Les milices qui ont accompagné BOZIZE, certains mécontents de leur rapatriement et de son régime, n'ont eu pour stratégie, le retour sur les traces de BOZIZE avant sa prise de pouvoir, le retour sur le chemin et les lieux des rebellions. D'autres mécontents, proches de PATASSE ont carrément monté une rébellion pour s'opposer à BOZIZE. C'est le cas de l'APRD. Face à cette situation, BOZIZE va multiplier des accords parmi lesquels :

- L'Accord de Syrte du 2 février 2007, entre le Gouvernement de la RCA et le FDPC sous médiation libyenne ;
- L'Accord de paix de Birao signé le 13 avril 2007 entre le Gouvernement de la RCA et l'UFDR. Dans cet accord les parties étaient convenus d'une cessation des hostilités, du cantonnement des troupes de l'UFDR, de la mise en place d'un programme urgent pour la réhabilitation et la réinsertion des combattants, de la participation de l'UFDR à la gestion de l'Etat. En contrepartie l'UFDR s'engageait à renoncer à la lutte armée comme moyen de ses expressions ;
- L'Accord de paix signé à Libreville le 9 mai 2008 entre le Gouvernement de la RCA et l'UFDR ;

L'Accord de Paix Global (APG) signé le 21 juin 2008 sous la médiation du Président gabonais agissant en tant que Président du Comité *ad hoc* dans l'espace CEMAC sur les questions centrafricaines entre le gouvernement de la RCA et les mouvements politico-militaires APRD et UFDR est le quatrième accord.

L'APG prévoyait : la promulgation d'une loi d'amnistie, la réhabilitation dans leurs droits des militaires centrafricains radiés pour des faits liés à la rébellion et le rétablissement des fonctionnaires civils liés aux mouvements signataires dans leur formation et corps d'origine, le cantonnement des troupes des mouvements signataires suivi du DDR, la libération des prisonniers politiques. La loi n°08.020 du 13 octobre 2008 intervient dans ce contexte.

B. La situation des DH

Human Right Watch (HRW) a publié en septembre 2007 un rapport dans lequel il mentionne ceci : « L'armée de la République centrafricaine a tué des centaines de civils innocents et en a forcé des dizaines de milliers d'autres à fuir leurs villages[55] ».

Il ajoute : « Depuis la mi-2005, des centaines de civils ont été tués, plus de dix milles maisons ont été incendiées et environ 21200 0 personnes terrorisées ont fui de chez elles pour aller vivre dans de terribles conditions au plus profond de la brousse dans le nord de la République centrafricaine (RCA) ».

Le Rapporteur spécial des Nations Unies sur les exécutions extrajudiciaires signale que divers rapports lui ont été présentés durant sa visite en RCA du 31 janvier au 7 février 2008 faisant état d'exécutions par la Garde républicaine et les FACA qui ont apparemment été perpétrées dans le contexte de tentatives d'extorsion ou de vol, de vengeance personnelle ou pour « faire justice soi-même. « Les malversations des agents des divers services

[55] Human Right Watch, République centrafricaine, Etat d'anarchie. Rébellions et exactions contre la population civile, rapport n°14(A), Vol.19, pp 38-96.

de sécurité qui extorquent de l'argent au public à des postes de contrôle légaux ou illégaux et en d'autres endroits ont pris des proportions sans précédent. Cela a de graves conséquences. La libre circulation des personnes est entravée, le commerce compromis et un fort ressentiment à l'égard du Gouvernement est perceptible. »

A l'instar des FACA, l'APRD a aussi commis de violations graves des DH dont l'espace ici ne pourrait tous contenir. Parallèlement aux institutions établies, l'APRD a mis en route des tribunaux charger de traiter les différentes plaintes : « Nous jugeons les populations civiles par rapport à leur mauvais comportement après une plainte des plaignants au sein du conseil militaire de l'APRD (...) il n'est pas possible de trouver des avocats pour ces condamnés dans la zone de forêt que nous contrôlons », précise Laurent DJIM WEI le porte-parole de l'APRD en août 2008. Il faut y ajouter les meurtres, les viols, les enlèvements....

Quant à la LRA, elle a commis des violations des DH dans le sud-est. Selon la FIDH, « Entre le 19 février et le 8 mars 2008, plusieurs centaines d'hommes (de 300 à 500) ont attaqué des villages situés dans la région du Haut Mbomou : Bambouti (le 20 février) ; Gbassigbiri (le 25 février) ; Obo (le 6 mars) ; Ligoua (le 8 mars) ».

Paragraphe 2 : Le sens de la Loi et sa portée sur les droits des victimes

Le cheminement de l'analyse de cette loi est identique à celui de la précédente. Il est aussi axé sur le sens et la portée de la loi en lien avec les droits des victimes.

A. Le sens de la Loi

Le 1er août 2008, à la suite de l'APG, le Gouvernement a présenté à l'Assemblée nationale trois projets de loi portant amnistie générale. Ces projets de lois à peine présentés ont été dénoncés par différentes parties prenantes de la crise centrafricaine, évoquant des raisons différentes.

Pour Zakaria DAMANE, « L'amnistie des groupes politico-militaires comportent des clauses qui ne vont pas dans le véritable sens d'une réconciliation nationale pouvant apaiser les esprits surchauffés[56] ».

Le FDPC rajoute : « Les projets de loi montrent à suffisance que le régime en place n'a pas la volonté réelle d'organiser le vrai dialogue politique inclusif. ». L'APRD, a, par contre dénoncé l'Accord de cessez-le-feu préalablement signé.

Les partis politiques de l'opposition, de leur côté, regroupés au sein de l'Union des Forces Vives de la Nations (UFVN) ont condamné le fait que les projets de l'amnistie générale consacrent l'auto-amnistie du Président BOZIZE et de ses éléments.

Ils précisent : « Le Président BOZIZE s'est auto amnistiée ainsi que ses compagnons impliqués dans le coup d'Etat du 15 mars 2003, de tous les crimes graves et massifs commis sur l'étendue du territoire centrafricain, et dont les stigmates sont encore vifs dans notre pays. ». Leurs critiques du deuxième projet de loi mentionnent : « Le président Bozizé envisage l'amnistie des éléments tristement célèbres de sa garde prétorienne qui ont semé et sèment toujours la désolation depuis le 15 mars 2003 jusqu'à ce jour tant à Bangui que dans le nord-ouest du pays. »

Après les tractations, le 29 septembre 2008, les parlementaires ont adopté la loi d'amnistie générale. Cette loi a été promulguée le 13 octobre 2008 par le Président BOZIZE. Il s'agit d'une amnistie générale, décidée entre BOZIZE et les groupes armés.

---

[56] Cf. Déclaration publique de l'UFDR, 10/08/08 disponible en ligne au lien : http://centrafrique-presse.over-blog.com/article-22030402.html (consulté le 10 avril 2019)

Cette Loi d'amnistie porte sur « toutes les infractions poursuivies devant les juridictions nationales et commises par : - les éléments des Forces de Défense et de Sécurité, les autorités civiles et militaires dans le cadre des opérations de maintien de l'ordre et de la défense du territoire pour compter du 15 mars 2003 jusqu'à la date de la promulgation de la présente loi ; - les éléments civils et militaires qui ont pris part aux évènements ayant provoqué le changement du 15 mars 2003 depuis la date de leur déclenchement jusqu'à celle de la promulgation de la présente loi ; (…).De façon nominative, conformément aux dispositions de l'article premier de cette loi : « *- les responsables et les membres des groupes politico – militaires se trouvant sur le territoire national ou en exil, pour compter du 15 mars 2003 jusqu'à la date de la promulgation de la présente loi pour atteinte à la sûreté de l'Etat et à la défense nationale ainsi que des infractions connexes ; - Messieurs Ange Félix PATASSE, Jean-Jacques DEMAFOUTH, Martin KOUMTAMADJI, leurs coauteurs et complices pour détournements de deniers publics, assassinats et complicité d'assassinats*[57] .» Cette amnistie générale concerne toutes les infractions et les crimes commis depuis le 15 mars 2003 au 13 octobre 2008.

Contrairement à l'ordonnance analysée précédemment, il y a interdiction et exclusion expresse d'amnistie pour les crimes internationaux : *« Sont exclus de la présente Loi d'Amnistie, les incriminations visées par le Statut de Rome, notamment : - les crimes de génocide, - les crimes contre l'humanité, - les crimes de guerre ou tout autre crime relevant de la compétence de la Cour Pénale Internationale*[58] *».* Cette mention doit être lue en parallèle avec la précédente qui parle de « toutes les infractions » en termes d'avancée normative.

---

[57] Article 1er de la Loi n° 08.020 du 13 octobre 2008

[58] Article 2 de la Loi n° 08.020 du 13 octobre 2008

Cette mention est la résultante de l'adaptation de la législation pénale interne aux dispositions du DIP. Malheureusement au cours de cette période, les poursuites n'ont pas été lancées pour les crimes internationaux. Nous le verrons plus tard.

Il faut noter que les dispositions de l'article sept portent à croire que les crimes internationaux commis antérieurement seraient aussi amnistiés : *« Sont exclus du bénéfice de la présente Loi d'Amnistie : - les éléments ou groupes rebelles qui auront refusé la démobilisation et le cantonnement des troupes ; - ceux qui auront refusé de restituer ou ceux qui auront dissimulé ou tenté de dissimuler des armes, des munitions et engins de guerre ; - ceux qui auront refusé ou tenté de refuser de se soumettre aux injonctions des autorités établies ; - ceux qui se seront livrés ou tentés de se livrer volontairement à des actes de vols, viols, pillages, incendies, destruction volontaire, sabotage, entrave à la liberté d'aller et venir ; - ceux qui auront volontairement commis ou tenté de commettre des meurtres, porté ou tenté de porter des coups ou fait des blessures, exercer ou tenter d'exercer des violences, des menaces, des tortures, des traitements cruels, inhumains et dégradants ou toute autre atteinte à l'intégrité physique ou morale de la personne humaine et la propriété .».*

« L'Amnistie des infractions visées à l'article 1er ci-dessus ne préjudicie pas aux intérêts civils des victimes. En cas d'instance sur les intérêts civils, le dossier pénal versé aux débats sera mis à la disposition des parties. Lorsque la juridiction pénale aura été saisie avant l'entrée en vigueur de cette loi, par Ordonnance ou Arrêt de renvoi, cette juridiction restera compétente sur les intérêts civils des victimes[59] *»*

Cet énoncé n'est qu'une simple déclaration d'intention. Le manque de volonté des autorités centrafricaines et leur

[59] Article 4 de la Loi d'amnistie n° 08.020 du 13 octobre 2008

incapacité de poursuivre les auteurs d'infractions pénales étaient déjà très clairs depuis 2004. Les victimes ne sont pas les préoccupations des autorités centrafricaines vraisemblablement en ce qui concerne le droit à un procès équitable. Une fois encore, la réalité contredit les déclarations d'intention, note la FIDH. La deuxième phrase de cet article quatre est juridiquement ambiguë et passe de tout commentaire. L'amnistie était une victoire obtenue au bout des canons et ne serait favorable qu'aux groupes armés. BOZIZE a pu compter pour faire passer cette loi sur l'Assemblée nationale laquelle n'était qu'un monocolore orange à sa solde au sens où y siégeait, sa femme, ses enfants, ses copines et copains.

B. La portée de la loi sur les droits des victimes

Cette Loi d'amnistie est mal encadrée politiquement, sécuritairement et socialement. Elle fixe un certain nombre de conditions vivement critiquées, puisque celles-ci étaient irréalistes. En effet, au plus tard 13 décembre 2018 (deux mois après la promulgation de ladite loi d'amnistie), les rebelles doivent être cantonnés et désarmés. Ce délai sans précision de mesure d'accompagnement confirme que cette amnistie n'est qu'une coquille vide, une simple déclaration d'intention sans impact sur la réalité. L'histoire politique du pays de 2008 à ce jour confirme ce constat.

Les propos de Jean Jacques DEMAFOUTH, Président de l'APRD allait dans ce sens : « Les conditionnalités pour bénéficier de l'amnistie ne sont pas acceptables et risquent de provoquer des réactions contraires à la volonté de paix manifestée par l'APRD. L'APRD est d'accord sur le principe du cantonnement (des combattants des rébellions dans le nord) mais cela ne peut se faire en deux mois comme c'est prévu par la loi, sous peine de perdre les bénéfices de l'amnistie. Cela n'est pas réalisable. Deux mois c'est beaucoup trop court[60] », a expliqué le leader de l'APRD. Face à cette situation les organisations de défenses des DH entrevoit leur espoir pour la réalisation des droits des victimes dans la mise en route d'une justice pénale internationale. Ce que l'on peut lire à travers ce titre d'un rapport la FIDH : « Les victimes une nouvelle fois méprisées : Sans la CPI, pas de justice pénale pour les victimes ».

---

[60] FIDH. République centrafricaine - Déjà-vu. D(é)s accords pour la paix au détriment des victimes, n°513, p.32.

Conclusion partielle

L'amnistie est un des mécanismes de la justice transitionnelle. Elle a une origine très lointaine. Sa conventionnalisation ou sa consécration en droit moderne remonte aux CG. Elle a été reprise par certaines législations nationales des Etats modernes avec un bémol sur l'exclusion et l'interdiction d'amnistier les internationaux. En droit international général, voire en droit centrafricain, retenons cette pensée de Pierre d'Argent: « Il n'existe pas de prohibition radicale des amnisties, mais seulement une incompatibilité manifeste des amnisties pures et simples *(« blanket amnesty »)* avec certains principes bien établis comme : l'obligation de punir et le principe de la responsabilité pénale individuelle[61] ».

Par ailleurs l'analyse des deux lois (sens et portée) faîtes confortent l'hypothèse selon laquelle les amnisties de 2003 et 2008 mettent en péril les droits des victimes à la justice et aux réparations. De plus elles entretiennent l'impunité. En effet, selon Joinet l'impunité est l'absence, en droit ou en fait, de la mise en cause de la responsabilité pénale des auteurs de violations des droits de l'homme, ainsi que leur responsabilité civile, administrative ou disciplinaire, en ce qu'ils échappent à toute enquête tendant à permettre leur mise en accusation, leur arrestation, leur jugement et, s'ils sont reconnus coupables, leur condamnation à des peines appropriés, y compris à réparer le préjudice subi par leurs

[61] Tribunal pénal international pour l'ex-Yougoslavie, Le Procureur c.Anto Furundžija, affaire n°IT-95-17/1-T,
jugement du 10 décembre 1998, §155, disponible sur http://www.icty.org/x/cases/furundzija/tjug/fr/fur-tj981210f.pdf(consulté le 27mai 2019)

victimes[62]. Elle est aussi, reprenant les mots de Guisse, l'absence ou l'insuffisance de sanctions répressives et réparatrices de violations volontaires ou involontaires des droits et libertés de l'individu[63]. Les amnisties analysées ont été simplement et purement détournées de leurs objectifs et ont consacré l'impunité en RCA.

---

[62] Joinet (L.), *Lutter contre l'impunité – Dix questions pour comprendre et agir*, Paris, La Découverte, 2002, p. 9.

[63] El Hadji Guisse, « Le procès équitable », *in Rencontres internationales sur l'impunité des auteurs de violations graves des droits de l'homme, organisées par la Commission nationale consultative des droits de l'homme (CNCDH) et la Commission internationale des Juristes (CIJ) sous les auspices des Nations Unies (du 2 au 5 novembre 1992)*, Palais des Nations, Genève, p. 172

Seconde partie :

LA GARANTIE DES DROITS DES VICTIMES

Introduction partielle

La question des droits des victimes constitue une équation complexe et complexifiée. Vraisemblablement, elle ne peut pas être enfermée dans une seule solution. Elle ne doit pas être limitative, restrictive. Elle exige une approche holistique dans la recherche de sa résolution.

Cette seconde partie entend aborder les mécanismes de garantie des droits des victimes sous les angles judiciaires, extra-judiciaires, politiques et sociaux.

Les mécanismes judicaires constituent les principaux mécanismes dans un Etat de droit pour promouvoir et protéger les DH d'où son affirmation au premier plan. Ces mesures comportent la justice pénale mise en route en RCA par le biais des tribunaux de grande instance, de la Cour Pénale Spéciale (CPS) et de la Cour Pénale Internationale (CPI).

Les mécanismes extra-judiciaires tout en n'excluant pas l'amnistie mais la règlemente à cause de sa double perspective incluent aussi la commission la Commission Vérité-Justice- Réparation et Réconciliation et les fonds au profit des victimes (Chapitre I).

Les autres moyens pour garantir les droits des victimes sont : la bonne administration de la démocratie, la bonne gouvernance des ressources naturelles, l'engagement de la société civile, des médias et la coopération internationale, bilatérale ou multilatérale (Chapitre II).

Plus que jamais, l'impératif d'une action concertée et coordonnée, d'une belle conjugaison au même temps de l'indicatif de ces mécanismes ou moyens pour garantir les droits des victimes s'imposent pour prétendre atteindre les résultats escomptés.

CHAPITRE I

LA JUSTICE ET LES MECANISMES EXTRA-JUDICAIRES

La justice est un rempart indispensable et efficace de protection des DH en général et ceux des victimes en particulier. Malheureusement pendant les périodes couvertes par les deux lois d'amnistie analysées (2001-2008), la chaine pénale ne fonctionnait pas normalement à cause de l'insécurité et de la déliquescence des tribunaux. S'ajoute à cela, le manque de volonté des autorités centrafricaines de réprimer les violations graves des DH.

Aujourd'hui, les tribunaux centrafricains, la CPI et la CPS redonnent le sentiment de justice après des moments d'inertie sur fond d'impunité. Bien que ces instruments soient aussi imparfaits, ils demeurent l'idéal pour la promotion de la justice, la garantie des droits dont le droit de recours effectif. L'option primordiale pour la justice[64] ne doit pas exclure les autres mesures extra-judiciaires à savoir : La Commission Vérité, Justice, Réparation, Réconciliation et les fonds au profit des victimes ; l'amnistie légale et conditionnée, si le peuple en général et les victimes en particulier venaient à en faire le choix.

Section 1 : La justice pénale

Toutes les crises qui ont secoué la RCA s'accompagnent d'un sentiment du mépris de et pour la justice. C'est la

---

[64] « La réconciliation oui, mais justice d'abord ». Parole brandie par les victimes lors d'une marche pacifique, à Bangui, par des membres de la société civile le 11 mai 2017.

raison pour laquelle, pour les partenaires au développement, pour les différentes couches de la société centrafricaine dont la société civile, la restauration d'un sentiment de justice et l'opérationnalisation de la justice pénale méritent d'être privilégiées[65]. Sans doute, il faut noter que la justice classique n'est pas la seule panacée de la crise centrafricaine.

Paragraphe 1 : La justice pénale, une réponse nécessaire et indispensable

La justice centrafricaine a évolué en dent de scie. Après une période de rude épreuve, de menace de disparition, elle est train de renaître de ses cendres avec beaucoup d'enjeux opérationnels. Au-delà, de toutes les craintes, un meilleur soutien lui permettra d'atteindre ses objectifs.

A. La période de rude épreuve de la justice centrafricaine

La RCA a toujours manifesté sa bonne intention en faveur de la protection des DH. Celle-ci s'est matérialisée par la ratification de plusieurs instruments internationaux relatifs au respect des DH et du DIH dont :

- La convention Internationale sur l'élimination de toute les formes de Discrimination raciale, ratifiée le 16 mars 1971 ;
- Le Pacte International relatif aux Droits Civils et Politiques le 8 mai 1981 ; le protocole facultatif au Pacte International relatif aux Droits Civils et Politiques, le 8 mai 1981 ; le Pacte International relatif aux Droits Economiques, Sociaux et Culturels, le 8 mai 1981 ;
- La Convention sur l'Elimination de toutes les formes de Discrimination à l'égard des Femmes, le 21 juin 1991 ;

[65] Le principe est le suivant : « No peace without justice ».

- La Convention contre la Torture et autres peines ou Traitements cruels, inhumains ou dégradants, le 3 juillet 2002 ;

- La Convention relative aux Droits de l'Enfant, le 23 mai1992 ;

- La Convention relative au Statut des Réfugiés, le 4 septembre 1962 ;

- La Charte Africaine des Droits de l'Homme et des Peuples, le 26 avril 1986-

- Les quatre Conventions de Genève de 1949 (1966) et leurs Protocoles facultatifs I et II, en 1986 ;

- Le Statut de Rome de la Cour pénale internationale, le 3 octobre 2001.

Cette litanie non exhaustive des textes juridiques ratifiés montre la volonté des autorités centrafricaines d'adhérer et de mettre en œuvre les droits universels de façon solidaire avec la communauté des hommes. Elle témoigne de l'affirmation de ces autorités de respecter les stipulations du DIH et DIDH. Malheureusement, la réalisation ou la mise en œuvre de ces textes n'est pas effectivement et efficacement respectée, mettant en mal la dignité, les libertés et la sécurité.

De 2001 à 2003, aucune poursuite contre les auteurs des crimes internationaux n'a été fait. Toute la stratégie juridique de BOZIZE, de ses gymnastiques juridiques au niveau national et international n'était imbibée que de l'impunité ou de la culture de l'impunité.

Le 22 décembre 2004, le gouvernement centrafricain a saisi par la lettre la CPI déférant la situation des crimes relevant de la compétence de la Cour commis sur l'ensemble du territoire de la RCA depuis le 1er juillet 2002, date d'entrée en vigueur du Statut de Rome. Le 7 janvier 2005, le Procureur de la CPI a rendu public la saisine de l'Etat centrafricain.

Dans un arrêt du 11 avril 2006, la Cour de cassation de la RCA rejeta partiellement le pourvoi formé par le ministère public contre l'arrêt de la Chambre d'accusation de la Cour d'appel de Bangui du 16 décembre 2004, confirmant pourtant que seule la CPI pouvait juger les crimes graves commis en RCA depuis le 1er juillet 2002 par Ange-Felix Patassé, les " *banyamulengues* " de Jean-Pierre Bemba, Abdoulaye Miskine, Paul Barril et autres. La Cour fonde son renvoie sur les difficultés opérationnelles de faire la recherche et l'incapacité des juridictions nationales de rechercher et juger les présumés auteurs des crimes internationaux, précise la FIDH.

Le 18 décembre 2007, la RCA a signé un accord de coopération judicaire avec la CPI ce qui a permis à la CPI d'ouvrir son bureau en RCA.

Paradoxalement, le 1e août 2008, le Président BOZIZE a adressé une correspondance au Secrétaire Général des Nations Unies Ban Ki Moon dans laquelle, lui BOZIZE dit : « En vertu du principe de la complémentarité juridictionnelle, la RCA n'a pas encore officiellement déclaré être dans l'impossibilité de statuer sur les faits relevant de la période de 2005. ». Il ajoute que le Tribunal militaire était à pied d'œuvre pour poursuivre les violateurs des DH. Chose pas vraie car certaines personnes mises en cause comme Eugène NGAIKOSSET alias « boucher de Paoua » jouissait d'une impunité[66]. Il poursuit dans sa lettre :

« Le Gouvernement centrafricain a toujours manifesté sa ferme volonté d'ouvrir une enquête sur les situations créées par les crises dans le Nord du pays mais s'est heurté d'une part, à la difficulté d'accès aux zones citées par le

[66] Rapport du Secrétaire général sur la situation en République centrafricaine/BONUCA (S/2006/441), 27 juin 2006 ; Rapport du Secrétaire général sur le Tchad et la République centrafricaine (S/2006/1019),

Procureur de la Cour, sous contrôle des groupes de rébellion et d'autre part, par l'appui de la communauté internationale au processus du Dialogue Politique Inclusif devant aboutir à une Loi d'amnistie générale des personnes impliquées dans ces crimes. Une éventuelle mise en application des termes de la lettre du Procureur de la Cour Pénale Internationale risquerait de mettre en péril l'Accord Global (...). Or, le Gouvernement est décidé à tourner définitivement la page dans l'intérêt de la, réconciliation nationale et de la paix. L'attachement que vous portez à la paix et à la sécurité dans le monde nous autorise à solliciter en vertu de l'article 16 du Statut de Rome, Monsieur le Secrétaire Général, d'intercéder auprès du Conseil de Sécurité des Nations Unies afin qu'une résolution soit adoptée dans le sens selon lequel les juridictions centrafricaines restent compétentes pour les faits couvrant les périodes prises en compte par les lois d'amnistie. »

Cette missive de BOZIZE confirme l'idée de FIDH selon laquelle les autorités centrafricaines n'ont ni la volonté ni la capacité de réprimer les crimes universels[67] en RCA depuis 2003. Ces tergiversations visent juste à renforcer l'impunité. Elles expriment clairement le manque de volonté du pouvoir de l'époque de poursuivre les présumés auteurs des crimes graves des DH.

B. Un constat confirmé par les ONG de défense des DH et les victimes

Pointant du doigt cette situation, Elise KEPPLER, directrice adjointe du Programme Justice internationale à Human Right Watch (HRW) précise : « Il n'y a presque pas eu de justice pour les crimes les plus graves commis en

---

[67]La FIDH et la situation en République centrafricaine devant la Cour pénale internationale. L'Affaire Jean-Pierre Bemba Gombo, Rapport du Rapport du Groupe d'action judiciaire (GAJ) de la FIDH n°502, juillet 2008, pp. 11-21.

République centrafricaine ces dernières années, et cette impunité alimente encore plus d'abus. »

Une victime a aussi souligné ce triste constat lorsqu'elle s'était confiée à HRW : « Pendant bien des décennies, ce pays a connu de nombreux crimes qui n'ont jamais été jugés. Les criminels d'aujourd'hui sont les victimes d'hier. Nous n'avons aucune confiance dans le système de justice national. La Cour pénale spéciale nous donne l'occasion de repartir de zéro et d'améliorer le climat[68] ».

Paragraphe 2 : La mise en route de la CPI et la CPS

Face au désistement des autorités judicaires centrafricaines et à leur manque de volonté de poursuivre les auteurs des crimes graves en RCA, la CPI n'est pas restée en marge. En 2014, les autorités centrafricaines ont également décidé de mettre en place une CPS pour poursuivre et juger les auteurs des crimes graves des violations des DH.

A. La Cour Pénale Internationale

En mai 2007, le Procureur de la CPI a ouvert une enquête préliminaire indiquant que des civils furent tués et violés, des maisons et des commerces pillés. Les crimes présumés se sont produits dans le contexte d'un conflit armé entre le gouvernement et des forces rebelles. [...]. Des victimes de viol ont fait connaître leur histoire personnelle, rapportant des crimes commis avec une particulière cruauté [69].

Le 9 mai 2008, le Procureur de la CPI a déposé à la Chambre préliminaire III une requête aux fins de délivrance d'un mandat d'arrêt à l'encontre de M. Jean-Pierre BEMBA

---

[68] Entretien collectif de Human Rights Watch avec des représentants d'associations de victimes, Bangui, 3 octobre 2017.

[69] CPI, Bureau du Procureur, Le Procureur ouvre une enquête en République centrafricaine, 22 mai 2007, disponible à https://goo.gl/9eESQw.

GOMBO[70]. Le 23 mai 2008, constatant que Jean Pierre Bemba voulait fuir, le même jour un mandat d'arrêt international a été lancé contre lui. Il a finalement été arrêté par les autorités belges le 24 mai 2008 pour être transféré le 23 juillet 2008 à la Haye. Le 4 juillet 2008, l'audience de comparution devant la chambre préliminaire III a eu lieu. L'audience de Jean Pierre Bemba a démarré en 2010.

5 229 victimes auraient participé directement ou indirectement à la procédure. Le mérite de la CPI est de permettre aux victimes d'exercer leur droit à un procès équitable et de savoir que leurs souffrances ont été reconnues[71] malgré l'issu du procès qui révèle les limites de la justice internationale.

La CPI comme institution judicaire permanente constitue également un rempart en *back up*, un rempart dissuasif contre les violations graves des DH et du DIH en RCA. Elle est structurellement très lente et lourde. Les victimes et leurs bourreaux peuvent mourir sans participer à un procès équitable ce qui pourrait être vu comme une forme impunité institutionnalisée.

B. La Cour Pénale Spéciale (CPS)

Entre 2012 à 2014, de graves crimes[72] ont également été commis en RCA dans le cadre de la rébellion de la coalition

---

70 CPI, Communiqué de presse du 21 mars 2016, La Chambre de première instance III de la CPI déclare Jean Pierre Bemba Gombo coupable de crime de guerre et de crimes contre l'humanité, ICC-CPI-20160321-PR1200. Voir https://www.icc cpi.int/fr_menus/icc/press %20and%20media/press%20releases/Pages/pr1200.aspx

71 Pour plus d'information sur l'affaire Bemba, voir la Fiche d'information de la CPI disponible à https://www.icccpi.int/car/bemba/Documents/BembaFra.pdf.

72 Commission d'enquête internationale sur la République centrafricaine, S/2014/928, 22 décembre 2014, pp. 13-14, disponible à http://undocs.org/fr/S/2014/928.

ou de la crise *seleka* et la prise du pouvoir de l'Etat le 24 mars 2013.

Compte tenu de cette deuxième situation, l'idée d'une Cour Pénale Spéciale a vu le jour à la suite du forum de Bangui[73].

Le 5 juin 2015, la Présidente de la transition, Catherine SAMBA PANZA promulgue la Loi organique n°15.003 du 03 juin 2015, portant création, organisation et fonctionnement de la cour pénale spéciale[74]. La CSP est une juridiction pénale nationale et internationalisée[75]. Elle est composée des juges nationaux et internationaux et est juridiquement fondée sur le droit pénal interne et le droit pénal international.

L'article trois énonce : « La Cour Pénale Spéciale est compétente pour enquêter, instruire et juger les violations graves des droits humains et les violations graves du droit international humanitaire commis sur le territoire de la République Centrafricaine depuis le 1er janvier 2003, telles que définies par le Code Pénal Centrafricain et en vertu des obligations internationales contractées par la République Centrafricaine en matière de Droit International, notamment le crime de génocide, les crimes contre l'humanité et les crimes de guerre objet des enquêtes en cours et à venir. Les crimes relevant de la compétence de la Cour Pénale Spéciale sont imprescriptibles. En cas de conflit de compétence avec une autre juridiction nationale,

---

[73] Le Forum de Bangui de 2015 a fortement recommandé la mise en place d'une Juridiction spéciale chargée d'enquêter, de poursuivre et de juger les violations graves des droits humains, y compris le génocide, les crimes contre l'humanité, les crimes de guerre commis sur le territoire centrafricain depuis le 1er Janvier 2003

[74] Pour toute information sur la CPS veuillez consulter son site au www.cps-rca.cf

75 Cf. Art.1er : Il est créé au sein de l'organisation judiciaire centrafricaine une juridiction pénale nationale dénommée Cour Pénale Spéciale.

la CPS à la primauté pour enquêter, instruire et juger les crimes et délits connexes qui relèvent de sa compétence. »

Contrairement aux tribunaux *Ad-hoc* internationaux et aux tribunaux hybrides, la CPS a compétence pour instruire et juger les actes de coaction et de complicité qui relèvent de sa compétence et qui ont été commis sur le territoire des États étrangers avec lesquels la Centrafrique est liée par des Accords d'entraide[76].

L'article cinq de la loi portant création de la CPS dispose : « Sous réserve des dispositions spécifiques contenues dans la présente loi et dans les règlements pris pour son application, les règles de procédure applicables devant la Cour pénale spéciale sont celles prévues par le Code de procédure pénale de la République centrafricaine. »

Aux termes de l'article trois, nous lisons ceci : « La Cour pénale spéciale peut se référer aux normes substantives et aux règles de procédure établies au niveau international, lorsque la législation en vigueur ne traite pas d'une question particulière, qu'il existe une incertitude concernant l'interprétation ou l'application d'une règle de droit centrafricain ou encore que se pose la question de la compatibilité de celui-ci avec les normes internationales. En cas de contradiction entre les normes nationales et internationales, le RPP permettra aussi de définir les standards applicables par la CPS. »

La mise en route de cette Cour traduit la volonté et la détermination du Législateur centrafricain de mettre un terme à l'impunité qui a prévalu en RCA de 2001 à 2015. Cette Cour est une autre et nouvelle opportunité pour les victimes au sens où elles pourraient espérer des poursuites engagées contre leurs bourreaux. Comme pour la CPI, la

---

76 Detchou (D.) *« Les Particularités et les Défis de la Cour Pénale Spéciale de Centrafrique »* (2018) 2 PKI Global Just J 36.

CPS est lente et l'une des questions qui se posera est celle des réparations.

Il faut aussi mentionner que c'est pour la première fois qu'une Cour Pénale Spéciale est mise en route dans un pays où la CPI mène des enquêtes. Dans ce cas d'espèce, une bonne coordination permettrait de lutter contre l'impunité en poursuivant et en jugeant les présumés auteurs des violations graves des DH et du DIH afin de soulager les souffrances psychologiques et sociales des victimes.

Les victimes occupent une place importante dans la CSP : « En plus de servir de témoins potentiels, les victimes peuvent se joindre à la procédure pénale en tant que partie civile. »

Les tenants voudraient à ce que la CPS soit un tribunal de proximité ce qui permettrait de redonner force à la justice centrafricaine. Ce que nous ne soutenons pas. Pour la RCA, il serait bien d'opter pour la formule d'un tribunal pénal international.

La CPS fait face à plusieurs défis :

La première difficulté est d'ordre sécuritaire. Le conflit étant en cours, il est difficile de mener les enquêtes, d'associer les victimes au procès. La restauration de la sécurité apparait comme une condition *sine qua non* de l'opérationnalisation effective de la CSP et aussi de sa décentralisation dans les provinces pour restaurer et consolider un sentiment fort de justice.

La seconde difficulté est d'ordre financière. Cette CPS a un statut presque ambigu. Etant une juridiction nationale, elle est composée de juges nationaux et internationaux. De plus son budget est pris en charge par les Nations Unies et par l'Etat centrafricain. En cas de défaillance de l'Etat centrafricain, cette Cour peut-elle rester viable, n'étant pas un tribunal pénal international ? La CPS apparait comme un mécanisme de la dernière chance malgré ses défis multiformes.

Sans l'engagement de la communauté internationale et du gouvernement centrafricain, sans une bonne synergie, il serait problématique d'espérer par ce bais la réalisation des droits des victimes, de voir réaliser les espoirs de procès équitable pour les crimes graves des DH et du DIH en RCA.

Section 2 : Les mécanismes extra-judiciaires

Dans un contexte de crise comme celle de la RCA, une crise généralisée, la justice ne peut pas être la seule solution, le seul moyen de sortie de crise. Les expériences de certains pays comme le Rwanda, l'Afrique du Sud révèlent qu'il faut aussi prendre en compte certains mécanismes extrajudiciaires comme la Commission Vérité, Justice, Réparation et Réconciliation (CJVR) et les Fonds au profit des victimes.

Par ailleurs, bien qu'elle ne soit pas la bienvenue pour l'instant, l'amnistie pourrait aussi être une solution si elle est bien encadrée et est mise en œuvre de façon démocratique. Ce n'est pas parce qu'elle n'avait pas bien marché qu'elle doit être exclue sur le plan intellectuel et politique comme une des solutions susceptibles de la crise centrafricaine. C'est évidemment ce que nous qualifions de la double perspective de ce mécanisme.

Paragraphe 1 : La Commission Justice Vérité, Réparation et Réconciliation (CVJRR) et les fonds au profit des victimes.[77]

L'Accord de Khartoum sur la crise centrafricaine envisage l'opérationnalisation de ces mécanismes pour relever les défis de la justice et de la réconciliation nationale et garantir la réhabilitation et la réparation dues aux victimes.

---

[77] *Les instruments de l'état de droit dans les sociétés sortant d'un conflit : Les commissions de vérité* (Publication des Nations Unies, numéro de vente : F.06.XIV.5), p. 1.

A. La CJVRR.

La Commission Interaméricaine des Droits de l'Homme déclare : « La valeur des commissions vérité réside dans le fait qu'elles sont créées, non pas avec le postulat qu'il n'y aura pas de procès, mais afin de constituer un pas vers la connaissance de la vérité et, en fin de compte, pour que la primauté de la justice soit garantie[78] ».

La Commission Vérité contribue à l'éclatement de la vérité qui est non seulement un droit collectif mais aussi individuel. Toute victime et tout peuple sont souvent portés par le sentiment de voir triompher la vérité sur les actes qu'ils ont subis, de bénéficier des réparations si cela est nécessaire et indispensable. Le devoir de vérité et le droit de vérité, le devoir et le droit de mémoire sont des droits et devoirs inaliénables.

Les Principes 4, 2, 5 de l'Ensemble de principes actualisé contre l'impunité précisent :

« Indépendamment de toute action en justice, les victimes, ainsi que leur famille et leurs proches, ont le droit imprescriptible de connaître la vérité sur les circonstances dans lesquelles ont été commises les violations et, en cas de décès ou de disparition, sur le sort qui a été réservé à la victime. » ;

« Les victimes et leurs représentants devraient être habilités à rechercher et à obtenir des informations sur les causes qui ont conduit à leur victimisation et sur les causes et conditions propres aux violations flagrantes du droit international des droits de l'homme et aux violations graves du droit international humanitaire, et avoir le droit d'apprendre la vérité sur ces violations. » ;

« Chaque peuple a le droit inaliénable de connaître la vérité sur les événements passés relatifs à la perpétration de

---

[78] Commission interaméricaine des droits de l'homme, Rapport No.136/99, Affaire 10.488, Ignacio Ellacuría et al. (Salvador), 22 décembre 1999, paragraphes 229-230. Traduction non officielle.

crimes odieux, ainsi que sur les circonstances et les raisons qui ont conduit, par la violation massive ou systématique des droits de l'homme, à la perpétration de ces crimes. L'exercice plein et effectif du droit à la vérité constitue une protection essentielle contre le renouvellement des violations. » ;

« Il appartient aux États de prendre les mesures appropriées, y compris les mesures destinées à assurer l'indépendance et le fonctionnement efficace de la justice, pour rendre effectif le droit de savoir. Au titre des mesures destinées à garantir ce droit, des procédures non judiciaires peuvent être menées en complément de l'action des autorités judiciaires. Les sociétés qui ont connu des crimes odieux à grande échelle ou systématiques peuvent avoir intérêt notamment à ce qu'une commission de vérité ou qu'une commission d'enquête soit créée pour établir les circonstances entourant ces violations afin de faire jaillir la vérité et d'empêcher la disparition d'éléments de preuve. »

La CJVRR n'est qu'à sa phase consultative, six mois après la signature de l'Accord de Khartoum. Les acteurs devraient s'inspirer des modèles des Commissions du Rwanda, de l'Afrique du Sud bien que ces derniers ne soient pas au comble de la perfection mais ils font, bien sûr.

Cette commission devra faire part d'une grande ingéniosité : Analyser le conflit, mener des campagnes de réconciliation nationale, promouvoir la réconciliation en rapprochant bourreaux et victimes pour chercher des solutions extra-judiciaires de réparations, « proposer toute action susceptible d'être prise en matière de justice » et de réconciliation nationale. Il s'agit d'une tâche noble et salutaire.

B. Les fonds au profit des victimes

Les victimes en principe ont besoin de l'assistance matérielle, psychologique, socio-économique pour leur résilience, leur réintégration sociale et leur développement.

La CPI dispose d'un fond au profit des victimes. Après l'acquittement de Jean Pierre Bemba le 8 juin 2018, le Directeur du Conseil du Fonds au profit des victimes avait déclaré ce qui suit :

« À l'approche du 20ème anniversaire du Statut de Rome, le Fonds au profit des victimes réaffirme son engagement permanent à répondre aux préjudices subis par les victimes et leurs familles en leur fournissant une aide significative et réparatrice. »

Il ajoute : « Le Directeur du Fonds au profit des victimes est conscient des profondes souffrances des victimes du conflit dans la situation en République centrafricaine, en particulier des victimes de violences sexuelles et sexistes, et prend soigneusement note des nombreuses preuves de la souffrance des victimes dans le contexte de l'affaire Bemba. Indépendamment de l'issue judiciaire, les victimes dans l'affaire Bemba sont, par définition, des victimes de la situation en RCA. Le Fonds au profit des victimes souhaite affirmer aux victimes dans l'affaire Bemba et aux autres victimes ayant subi un préjudice dans la situation en RCA I : Vous n'êtes pas oubliées. Les préjudices que vous avez subis sont reconnus et appellent de toute urgence une réponse significative. »

Il faut noter que depuis plus d'une décennie passée, les victimes dans l'affaire Jean Pierre BEMBA n'ont pas obtenu des réparations de la part de la CPI ou de leurs bourreaux. L'attente est encore longue et insatisfaite, le chemin est parsemé de complexité : Ci-dessous les témoignages des victimes qui se sont confiées à la FIDH :

« Tout ce que j'attends c'est la réparation, peu importe sous quelle forme. » ;

« Présentement, ce que je veux demander d'abord c'est d'avancer les choses. Beaucoup sont décédées. Regardez mon état de santé lorsque j'étais très malade en 2010, dans un mois je peux retomber dans cette situation. Faites vite. Je ne connais pas mon avenir »

« Quand nous sommes allés à la CPI, la Cour nous a garanti de faire quelque chose, là il n'y a rien, on va tous mourir, qu'est-ce que la Cour peut faire pour moi ? Je n'ai pas de santé (pleurs). C'est trop loin, seule notre avocate nous aide. Depuis tout ce temps, la CPI ne fait que regarder, elle ne fait que tourner en rond. Je ne suis pas d'accord. Je n'ai jamais vu des gens de la CPI ici. Le jugement a beaucoup duré. Je voudrais qu'on me donne de l'argent pour vendre, pour m'occuper de mes enfants, pour me soigner, ou avoir une maison à moi pour que j'y habite avec mes enfants. Dites à la CPI qu'on va tous mourir. On a trop attendu et on est là[79] ».

Comme susmentionné, la question de la réparation à travers la mise en place d'un fonds profit des victimes fait partie des engagements des parties de l'Accord de Khartoum. Les Parties signataires de l'Accord de Khartoum « (...) s'accordent à prendre des mesures idoines, y compris la mise en place d'un fonds fiduciaire (*Trust Fund*), pour garantir la réhabilitation et la réparation due aux victimes ».

L'idée d'un fonds au profit des victime est essentiellement importante pour la réalisation des droits des victimes. Toutefois, les conditions de réalisation des droits aux réparations à travers les fonds au profit des victimes demeurent complexes car elles dépendent des financements des donateurs, de la mobilisation des ressources par l'Etat centrafricain et aussi de la bonne volonté des parties prenantes.

La constitution de ce fond au niveau national n'est pas utopique. La RCA est un pays qui regorge d'importantes

---

[79] FIDH - « Tout ce que j'attends, c'est la réparation. »
Les points de vue de victimes de violences sexuelles en matière de réparations dans l'affaire Bemba devant la Cour pénale international, novembre 2017.

richesses naturelles génératrices de revenus. De plus, les bourreaux ont aussi de grande fortune. Une belle conjugaison librement consentie pourrait être très salutaire pour les victimes.

Grâce à une bonne volonté, l'Etat centrafricain et les riches bourreaux peuvent parvenir à mobiliser les fonds au profit des victimes. Pour ce faire, ils doivent aussi rejeter la belligérance, le pillage des ressources, l'évasion fiscale. En attendant le fonds au profit des victimes de la CPI, il est temps que la RCA constitue un fond national pour les victimes. La RCA doit s'aider d'abord avant de solliciter l'aide. Cette évidence s'impose sur tous les plans.

Il faudrait aussi prendre en compte, dans cette perspective, l'éducation des victimes à la démarche de la réconciliation, à la résilience même sans grand moyen. Le cycle d'éternel victime doit être brisé. De plus, la question des victimes ne doit pas être politisée. Certes, elle nécessite un engagement politique, mais elle demeure une question sociale à relever. Certains acteurs du conflit la récupèrent juste pour faire des bruits et chercher des postes. Il est temps de dépasser aussi une telle tendance appétissante conduisant à la mangeoire vers un vrai engagement pour la rédemption des victimes.

Paragraphe 2 : L'amnistie et l'obligation de sauvegarde des Droits de l'Homme

L'amnistie est aussi un mécanisme extra-judiciaire de la justice transitionnelle. Elle est une question très sensible, pour l'instant, en RCA. Cette solution semble inopportune car l'analyse de la crise centrafricaine montre que les bourreaux et bénéficiaires d'amnistie hier, sont les bourreaux et demandeurs d'amnistie aujourd'hui. Un exemple par hasard qui nous vient à l'esprit est celui de Mahamat Al-Khatim. Ex-libérateur : Il participa à la prise de pouvoir le 15 mars 2003. Il fût bénéficiaire des lois d'amnisties en 2003 et 2008. Il est responsable via son groupe armé MPC, depuis 2015 à ce jour, des graves violations des DH et du DIH dans la Nana-Gribizi et une partie de l'Ouham et l'Ouham Pendé et serait demandeur d'amnistie.

A propos de l'amnistie, faut-il alors jeter le bébé avec l'eau du bain ? Rien n'indique qu'il n'y aura plus d'amnistie en RCA jusqu'à la fin des temps suite aux expériences infructueuses réalisées dans le passé. L'amnistie n'a jamais été niée comme une des solutions aux crises militaro-politiques dans le monde voire tant par l'Organisation des Nations Unies (ONU). En réalité, une amnistie légale et démocratique peut concourir également au retour de la paix, à la stabilité.

Autrement dit, l'amnistie peut devenir un incubateur de paix, de réconciliation nationale si elle est l'émanation du peuple ; si elle est vigoureusement encadrée et est mise en œuvre avec rigueur sur fond de bonne volonté des uns et des autres, sur fond de sincérité et de compréhension mutuelle.

A. L'état actuel de la question

L'idée d'une amnistie ne date pas du règne du Président Faustin Archange TOUADERA. Pendant la période de transition, à l'initiative du Président Denis SASSOU NGUESOU, des pourparlers inter-centrafricains se sont tenus à Nairobi, la capitale Kenyane.

Les négociations ont accouché trois textes : Le premier accord signé le 22 janvier rejeté immédiatement par la communauté internationale, les autorités de Bangui et Denis SASSOU NGUESSOU ; le deuxième signé le 7 avril 2017 par les délégations des milices anti-balaka et ex-seleka et le troisième qui n'est rien d'autre qu'une déclaration des anciens Chefs d'Etats putschistes DJODTODIA et BOZIZE, le 17 avril.

Le second accord intitulé "Accord de Nairobi sur le cessez-le-feu et la cessation des hostilités" comporte une clause relative à une amnistie générale.

« Le Gouvernement national de transition de la République Centrafricaine, conformément aux critères des Nations Unies pour l'octroi d'amnistie, aura l'obligation d'envisager l'octroi d'une amnistie générale à toutes les personnes et parties engagées ou Impliquées dans des combats durant le conflit en République Centrafricaine[80] ».

Cet Accord, très peu réaliste par son agenda n'a pas été suivi d'effet car au fond, il n'était pas soutenu par communauté internationale.

L'amnistie recommandée par l'Accord de Nairobi n'avait pas été acceptée par les autorités de la transition et aussi par la communauté internationale. D'ailleurs le forum de Bangui avait rejeté en 2015 l'idée de toute impunité. En guise de parenthèse, à l'instar des précédents accords de paix, cet Accord, irréaliste n'a pas été suivi d'effet. Il n'était juste qu'un mort-né, un coup d'épée dans l'eau. Mais l'idée de l'amnistie fera encore son chemin, même sous le règne de Faustin Archange TOUADERA.

En 2016, les élections constituaient vraisemblablement l'espoir du peuple centrafricain. Les cent premiers jours de la présidence de Faustin Archange TOUADERA ont été marqués par une accalmie mais celle-ci s'est détériorée progressivement jalonnée par la reprise des hostilités sur les terrains orchestrés par des éternels groupes armés. Ces agissements des groupes armés n'ont pas infléchi la position du président TOUADERA sur la question de la lutte contre l'impunité, une des pierres angulaires de sa politique.

En 2017, le Président Tchadien Idriss DEBY ITNO aurait proposé au Président Faustin Archange TOUADERA l'amnistie pour les combattants en vue de solutionner la

---

[80] Article 20 de l'Accord de Nairobi.

crise. Ce conseil n'a pas été suivi. Que cela ne suffise pas, les groupes armés lors des initiatives de l'UA en RCA ont également fait le chantage sur la question de l'amnistie et ils l'ont exigée comme une des conditions de retour à la paix en RCA, précisément lors des pourparlers tenus à Bouar.

La société civile centrafricaine et internationale n'ont pas aussi attendu pour lever le ton et réfuter la question de l'amnistie en RCA. Des émissions ont été réalisées sur les ondes de la radio *Ndeke Luka* par la Ligue Centrafricaine des Droits de l'homme (LCDH) rejetant toute idée de l'amnistie, ceci en prélude à la rencontre de Khartoum. Ainsi, selon Joseph BINDOUMI, Président de la LCDH. « (…) La ligne rouge est très claire : il ne peut plus y avoir d'impunité pour les auteurs et responsables des crimes commis en Centrafrique. »

Me Mathias MOROUBA, avocat des victimes et Président de l'Observatoire Centrafricain des Droits de l'Homme (OCDH), quant à lui, renchérit :

« Il est impensable que des personnes responsables et complices des crimes les plus graves puissent s'arroger une amnistie à la table des négociations, et cette idée doit être rejetée sans condition par le gouvernement[81] *».*

In fine, l'Accord de Khartoum paraphé et signé ne comporte pas une clause explicite relative à l'amnistie lorsqu'elle aborde la question de la « Justice et réconciliation ». Il privilégie la justice, les mécanismes extra-judiciaires dont la CVJRR et le fond au profit des victimes. Mais la réalité pourrait contredire encore l'intention car nous sommes sur un terrain très dynamique

---

[81] Communique de presse conjoint de Amnesty International, Human Rights Watch, la Fédération Internationale des Droits de l'Homme (FIDH), la Ligue Centrafricaine des Droits de l'Homme, et l'Observatoire Centrafricain des Droits de l'Homme disponible sur le site de HRW : Lien : https://www.hrw.org/fr/news/2018/08/24/republique-centrafricaine-ne-pas-octroyer-des-amnisties-pour-les-atrocites-commises (Consulté le 9 mai 2019)

et il est vrai que l'on ne peut offusquer le pardon dans les relations intersubjectives. La vraie question de celle-ci : « Le pardon, oui mais jusqu'à quel prix et comment pardonner ? »

B. Les conditions de choix et de réussite d'une éventuelle amnistie[82]

Si le pouvoir appartient au peuple, la question de l'amnistie doit faire l'objet d'une procédure démocratique qui inclut la consultation du peuple soit directement par un referendum, soit par le biais de sa représentation à l'Assemblée Nationale.

B.1 Les conditions liées à l'élaboration, l'adoption d'une éventuelle loi d'amnistie

Une loi d'amnistie, pour qu'elle soit valide, légitime doit être une émanation du peuple. Le peuple doit se prononcer par un Oui ou par un Non sur la décision d'élaborer une loi d'amnistie. La loi doit aussi être légale sur le plan interne et international.

« La consultation publique au niveau national et international sur la conception et le projet d'une loi d'amnistie peut renforcer sa légitimité. S'il y a lieu, cette consultation doit inclure la participation de groupes potentiellement marginalisés tels que les victimes, les femmes, les enfants, les personnes déplacées, les minorités

---

[82] Selon Mallinder, l'amnistie doit avoir une légitimité démocratique ; l'amnistie doit représenter un véritable désir de promouvoir la paix et la réconciliation ; les amnisties doivent être limitées à un cadre, excluant certains crimes ou étant réservées aux personnes participant à la restauration de la paix et de la démocratie ; l'amnistie doit être soumise à conditions, par exemple des aveux complets ou le fait d'avoir rendu les armes. Enfin, l'amnistie doit être accompagnée de réparations. Source : Mallinder, (L.), « Les amnisties et la justice internationale peuvent-elles être réconciliées ? », *in Journal international de la justice transitionnelle*, Vol. 1, 2007, p. 208-230.

et les anciens combattants. Elle peut prendre différentes formes, y compris des réunions publiques. Les auto amnisties sont fortement déconseillées. L'énumération des crimes amnistiés doit être explicite et ne doit pas être facultative. »

B.2 Les conditions liées à la mise en œuvre de la loi d'amnistie

Les bénéficiaires peuvent également être soumis à des conditionnalités SMART[83] avant de bénéficier de l'amnistie.

« Tout auteur de crimes peut être tenu de remplir des conditions précises avant d'obtenir une amnistie (...). Les conditions préalables à l'attribution d'une amnistie peuvent inclure :

a) la soumission de demandes individuelles

b) la reddition et la participation aux programmes de désarmement, de démobilisation et de réintégration

c) la participation aux processus de justice traditionnelle ou réparatrice

d) la divulgation totale de l'implication personnelle aux infractions, avec des sanctions pour faux témoignages

e) la révélation d'informations sur l'implication de parties tierces dans les infractions

f) le témoignage (public ou privé) dans une commission de vérité, une enquête publique ou tout autre processus de rétablissement de la vérité

g) le témoignage lors d'un procès des personnes qui n'ont pas bénéficié de l'amnistie ou qui n'y sont pas admissibles

h) la restitution des biens acquis de manière illicite

i) la contribution matérielle et/ou symbolique aux réparations[84] ».

---

[83] SMART signifie Spécifique, Mesurable, Atteignable et Temporel.

[84] *Directives de Belfast sur l'amnistie et la responsabilité*, p.15-18.

De plus des conditions peuvent aussi être précisées pour éviter que le bénéficiaire d'amnistie abuse des avantages d'amnistie conférée. La loi d'amnistie ne peut pas empêcher les victimes à connaître la vérité et à être indemnisées.

Selon les Nations Unies, les questions suivantes doivent être posées au moment de l'évaluation d'une amnistie ou d'un projet d'amnistie :

« La mesure légale (proposée) est-elle une amnistie ? A-t-elle pour effet juridique d'empêcher le déclenchement de l'action publique, de l'action civile ou de l'une et de l'autre à la fois ?

L'amnistie (proposée) exclut-elle complètement et clairement de sa portée tous les types de comportement qui, en DI et selon la politique des Nations Unies (NU), devraient faire l'objet d'une enquête effective et, si les éléments de preuve le justifient, de poursuites pénales et de réparation ?

L'utilisation d'un projet d'amnistie en tant que mesure de désarmement modifie-t-elle les conclusions de l'analyse juridique de cette mesure ?

Une amnistie (proposée) qui, pour une raison ou une autre, serait illicite, peut-elle être légitimée si elle est entérinée par un processus démocratique »[85] ?

---

[85] Nations Unies, *Les instruments de l'état de droit dans les sociétés sortant d'un conflit*, Genève 2009, pp 37-41.

CHAPITRE II

LES AUTRES MOYENS POUR GARANTIR LES DROITS DES VICTIMES

Dans une recherche de la cause des causes des amnisties, il ressort très aisément que l'amnistie découle des conflits militaro-politiques. Aussi, les conflits militaro-politiques en Afrique découlent à leur tour d'une mauvaise gestion de la politique publique, des richesses naturelles.

Ceci étant dit, une bonne administration de la démocratie et de la gouvernance des richesses naturelles constituent des mécanismes préventifs pour éviter les conflits en Afrique et les situations d'amnistie. L'engagement de la société civile, des médias et la coopération internationale peuvent aussi empêcher les violations des DH en général et ceux des victimes en particulier.

Section 1: La démocratie et la bonne gouvernance des richesses nationales

Une bonne administration de la démocratie et une bonne gouvernance des richesses permettent de lutter contre les violences qui minent la RCA et y provoquent des violations graves des DH.

Paragraphe 1 : La mise en œuvre d'une bonne gouvernance démocratique

La bonne gouvernance démocratique exige les élections honnêtes, libres et transparentes qui sous-tendent également l'existence d'un pluralisme, la reconnaissance intangible de la liberté d'expression[86] et aussi le respect des dispositions constitutionnelles.

A. Des élections honnêtes[87], libres et transparentes

Comme nous l'avons fait appréhender dans cet ouvrage, la crise centrafricaine est essentiellement une crise politique interne et géopolitique. Le mal est interne et est fondamentalement un mal centrafricain. Il est caractérisé par l'absence d'une alternance démocratique en bonne et due forme. Les politiciens centrafricains ont toujours voulu prendre le pouvoir de l'Etat en passant outre les élections démocratiques. La litanie des coups d'Etats en témoigne. Il se pose un sérieux problème de culture et de pratique démocratiques qu'il faut fortement faire enraciner par l'éducation politique. De plus, alors que les instruments juridiques exigent des élections libres et démocratiques, l'histoire des élections en RCA a toujours été tamponnée d'irrégularités graves de nature à entacher le caractère voire l'attribut « honnêtes » des élections. Ces irrégularités donnent *ipso facto* des raisons pour déclencher les hostilités. Les contestations électorales par l'opposition démocratique et l'opposition armée en 2010 ont été aussi

---

[86] « La liberté d'information et liberté d'expression sont les pierres angulaires de toute société libre et démocratique » (CDH, décision 12 juillet 1996, Adimo M. Aduayom et al. c. Togo, A/51/40, p. 18).
Le Professeur Jean Didier BOUKONGOU dit : « Il serait absurde de qualifier de démocratique un régime qui organiserait des élections, certes, des élections multipartistes, mais qui ne garantirait pas la liberté des candidats et le libre choix des électeurs ou ferait peser sur ses opposants la menace perpétuelle d'une arrestation arbitraire », in *Cours sur la Démocratie et Etat de droit*, Académie de la Paix et des Droits de l'Homme en Afrique Centrale, année académique 2016-2017.

[87] Article 21 de la DUDH, paragraphe 3 : « La volonté du peuple est le fondement de l'autorité des pouvoirs publics ; cette volonté doit s'exprimer par des **élections honnêtes** qui doivent avoir lieu périodiquement, au suffrage universel égal et au vote secret ou suivant une procédure équivalente assurant la liberté du vote ».

une pierre de touche importante de la crise centrafricaine, source des hostilités déclenchées à partir de 2012. Cette crise électorale a été à l'origine de la création par les partis politiques d'opposition d'une plateforme politique appelée Front pour l'Annulation et la Reprise des Elections (FARE), instrument de la bataille politique, diplomatique, judicaire des partis politiques d'opposition. C'est à cause de ces irrégularités que l'opposition armée et l'opposition démocratique ont exigé au sommet de Libreville en 2013, la démission du Président BOZIZE.

Promouvoir les élections honnêtes, libres et transparentes, c'est garantir la stabilité, le développement d'un pays, c'est prévenir les violations des DH, c'est éviter de faire des victimes au bout des canons.

Il est vrai et plus jamais vrai qu'une « Une approche de la démocratie fondée sur les droits et ancrée dans l'État de droit apparaît de plus en plus comme la meilleure protection contre les violations des droits de l'homme. Les Nations Unies doivent à la fois prêter attention aux appels à la réforme démocratique qui se font entendre et participer à des processus durables de construction de la démocratie fondés sur les droits de l'homme [88]».

La bonne gouvernance démocratique exige aussi le respect des dispositions constitutionnelles.

B. Le respect de la Loi fondamentale

Les crises politiques africaines ont aussi leur origine dans les crises constitutionnelles. Arrivés souvent à la fin de leur mandat prévu par la Constitution, il n'est pas rare de constater que certains Chefs d'Etats Africains cherchent des moyens pour modifier la Constitution de leur pays afin de s'éterniser au pouvoir. La RCA n'a pas été à l'abri des manœuvres politiques de modification de sa Constitution.

---

[88] Nations Unies – IDEA International, Démocratie et droits de l'homme : Le rôle de l'ONU, septembre 2003, p.6

Le respect des textes de Loi est une garantie de la stabilité et des DH dans un Etat de droit. Elle est aussi l'expression, la manifestation de la démocratie. La bonne gouvernance démocratique s'étend aussi à l'exploitation des ressources naturelles, cause géostratégique, géopolitique et géoéconomique des crises.

Paragraphe 2 : La bonne gouvernance des ressources naturelles

La bonne gouvernance des richesses naturelles implique une gestion rationnelle, démocratique, transparente et aussi une lutte contre les inégalités sociales.

A. La gestion rationnelle des ressources naturelles

La RCA est un pays qui regorge d'innombrables ressources naturelles (or, diamant, uranium, ciment…). Ces ressources naturelles sont souvent mal gérées au profit d'une minorité. De plus, il faut noter une absence de démocratie sur la gestion de ces ressources. Le peuple assiste souvent à l'exploitation de ses ressources mais sans pouvoir constater les retombées positives sur ses conditions sociales. Depuis plusieurs décennies, le bois est exporté à l'international par les sociétés étrangères via le port de Douala au Cameroun. Paradoxalement, il est symptomatique de constater que les communes dans lesquelles les sociétés exploitent le bois centrafricain manquent de routes, des écoles, de l'eau potable, de l'électricité, de l'hôpital de standard minimum. A l'intérieur même du pays, il n'y a aucune société de fabrication des matériels à partir du bois comme les cahiers, les allumettes. Ces produits (pour ne citer que ceux-là) ne viennent que de l'étranger principalement du Cameroun dont la RCA est presque quasi- dépendante économiquement.

En RCA, l'absence de transparence sur l'exploitation des ressources naturelles et l'absence du développement local par les ressources exploitées dans les zones d'exploitation est vraiment notoire.

Actuellement, les puissances internationales dont la Chine et la Russie affirment leur présence en RCA. Le gouvernement a signé des contrats d'exploitation à des sociétés issues de ces pays, sans pouvoir communiquer aux populations les détails de ces contrats. Les députés qui sont également les représentants du peuple, pour l'instant demeurent silencieux.

A Bozoum, une ville septentrionale du pays, l'exploitation industrielle de l'or visiblement entraîne des conséquences néfastes sur la rivière Ouham, présentant des risques majeurs de destruction des espèces halieutiques[89]. De plus les populations sont exposées aux dangers car les gros trous sont creusés et ne sont pas fermés.

Alors qu'une bonne partie de la population de Bozoum consomme l'eau de la rivière Ouham, on constate que des forages ne sont pas construits pour pallier ces dégradations. Seul le prêtre de la localité, un étranger de surcroît a pu dénoncer les impacts environnementaux négatifs de ces exploitations. Il a été *manu militari* intimidé et une bonne partie de la population s'est soulevée pour exiger sa protection.

Le prêtre, a, par la suite attiré l'attention de son Evêque et du Cardinal centrafricain. Ces derniers ont réussi à rencontrer le Premier ministre. L'idée d'une mission mixte de contre évaluation environnementale est en cours. Où sont les députés centrafricains, les représentant du peuple centrafricain ?

Voilà qu'illustre les attitudes mafieuses des autorités centrafricaines qui évitent d'être redevables envers les

---

[89] *Centrafrique – Bozoum, figure d'un pillage généralisé des ressources naturelles, par entente avec l'Etat.* Chroniques du Père Aurélio, disponible sur le site du Jean-François Akandji-Kombé : https://jfaki.blog/archives/4707 (Consulté le 11 mai 2019)

populations qu'elles administrent ou représentent. Ce type de comportement est susceptible de créer des frustrations et des soulèvements armés, sources de violations des DH. Le cas de la Sierra Leone illustre aussi ces affirmations. L'une des raisons du déclenchement de la guerre civile qui a conduit le pays « dans des décennies d'horreur » est bel et bien le détournement des richesses naturelles par ses dignitaires comme Stevens SIANKA (1968-1985) et le général Joseph MOMOH (1982-1992).

La stabilité d'un pays réside également dans la bonne gouvernance démocratique de ses ressources, la lutte contre les inégalités.

B. La lutte contre les inégalités.

Le propre de nombreux pays africains est de présenter une cartographie d'inégalités régionales en deux parties ; Une partie du pays avancée et l'autre partie plongée dans la misère, sous développée. Autrement dit, la décentralisation n'est pas totale et dans ces pays, le développement n'est pas perçu comme l'ascension de tout le corps social mais d'une partie du corps social. En RCA, la partie septentrionale du pays, riche en ressources naturelles (pétrole, or, diamant) est presque abandonné par les autorités d'où l'absence des routes, des écoles, des hôpitaux. Face à cette situation, les populations se sont fortement concentrées au Centre, au sud, à l'Ouest du pays. Du coup, celles qui sont restées au Nord, pratiquant l'Islam se sont considérées comme les oubliés des autorités politiques, donc les minorités. Pour s'affirmer, le recours aux armes devient la stratégie sur fond de violations des DH. Ce schéma semble le même au Cameroun avec la question de la « crise anglophone ». Les revendications montrent que les populations de la partie anglophone du pays sont oubliées.

Les autorités politiques africaines en général et centrafricaines en particulier peuvent anticiper les violences inhérentes et leurs conséquences sur les DH en menant une bonne politique de répartition des ressources, de décentralisation.

La Constitution de la RCA prévoit la protection du patrimoine national et la transparence dans l'exploitation et la gestion des ressources naturelles ainsi que la redistribution équitable des profits générés par les ressources naturelles. *Cela doit être traduit en acte dans un Etat de droit.*

Section II: L'engagement de la société civile, des médias et la coopération

Les organisations de la société civile nationales et internationales sont également des acteurs incontournables pour la défense de la protection et de la promotion des DH en général et des droits des victimes en particulier. Leurs engagements, leurs déterminations peuvent concourir à la réalisation des droits des victimes.

Paragraphe 1 : L'engagement de la société civile pour garantir les droits des victimes

Par société civile, nous distinguons les organisations nationales et internationales de défense des DH et les organisations nationales et internationales d'assistance humanitaire bien que le dénominateur de leurs activités multiformes demeure les DH.

A. Les organisations nationales et internationales de défense des droits des victimes

La liste de ces organisations est très longue. Il convient ici de mentionner quelques-unes qui, depuis leur opérationnalisation, s'engagent pour la réalisation effective des DH dont les droits des victimes. Au niveau national, nous avons la LCDH, l'OCDH, la Commission Episcopale Justice et Paix. Cette liste n'est pas exhaustive.

Plongés au cœur de la crise centrafricaine, nous avons également été témoins des engagements de ces organisations en faveur des victimes des violations de DH. Ces organisations, apolitiques ont fait des plaidoyers, des communications par voie de presse ou sur les ondes des radios dans le cadre de la protection et de la prise en compte des droits des victimes. Elles sont les « voix des sans voix », les voix des victimes. Sur le plan international, nous pouvons citer Amnesty International (AI), la FIDH, HRW. Plusieurs rapports sont enregistrés à leur actif dans lesquels elles défendent les DH dont les droits des victimes des conflits armés en RCA. Elles ont fait évoluer et continuent de faire évoluer les questions de justice en RCA. Elles influencent les procédures d'élaboration de textes de loi, des règlements. Les évolutions juridiques en RCA sont en grande partie le fruit de leurs plaidoyers et leurs engagements. En guise d'illustration, entre 2002 et 2004, la FIDH a effectué quatre missions internationales d'enquêtes au cours de laquelle elle a dénoncé l'absence de répression des crimes tant par les gouvernements centrafricains que par la communauté internationale à travers ce qu'elle appelle « la double peine des victimes des crimes internationaux ». Elle a, en outre, interpellé la RCA et le Procureur de la CPI à travers des recommandations fortes exprimées ci-dessous :

- « Aux autorités judiciaires centrafricaines compétentes en l'espèce et conformément au principe de complémentarité inscrit à l'article 1 du Statut de la CPI, d'ouvrir une enquête aux fins le cas échéant de poursuivre et de juger les responsables des crimes de guerre commis depuis la tentative de coup d'Etat du 25 octobre 2002
- à la RCA, pour répondre à ses obligations souscrites en droit international, d'adapter de façon urgente le droit pénal centrafricain au Statut de la Cour pénale internationale, tant en ce qui concerne la coopération avec la Cour que l'incorporation dans l'ordre interne de la

définition des crimes internationaux et des principes généraux du droit pénal international

- à la RCA d'inviter les Rapporteurs spéciaux des Nations unies sur les exécutions sommaires, la violence contre les femmes et la torture, ainsi que la Rapporteuse de la Commission africaine des droits de l'homme et des peuples sur les violences contre les femmes »[90] [91].

B. L'engagement des organisations d'assistance humanitaire aux victimes

Les ONGs humanitaires, quant à elles, sont nombreuses en RCA, volant au secours des victimes des violations graves des DH à travers des activités de prise en charge variées. Elles soutiennent les victimes pour amorcer leur résilience, leur réintégration sociale et leur développement. Parmi ces ONGs, figurent le Conseil Danois pour les Réfugiés, l'ONG Coopi, le Barreau américain, la Commission Nationale Justice et Paix, l'Association des Femmes Juristes Centrafricains (AFJC)[92] qui mettent en œuvre des projets de protection faîts de prise en charge des victimes des violations graves des DH dont les victimes des violences sexuelles, ceci à travers les activités de prise en charge psychosociale, de référencements médical et juridique.

---

[90] FIDH, Rapport de mission internationale d'enquête, *Crimes de guerres en République centrafricaine*, n°355, Février 2003.

[91] FIDH, *Ne pas octroyer des amnisties pour les atrocités commises : le dialogue politique ne doit pas absoudre les criminels de guerre* (Source : https://www.fidh.org/fr/regions/afrique/republique-centrafricaine/ne-pas-octroyer-des-amnisties-pour-les-atrocites-commises-le-dialogue. Consulté le 3/12/2019.

92 Cette énumération n'est pas exhaustive.

Paragraphe 2 : Les médias, la coopération nationale et internationale

Les médias jouent un rôle important dans la société. Leurs contributions pour influencer les décisions sont incommensurables. Thomas JEFFERSON disait : « ...Et si je devrais choisir un gouvernement sans journaux et des journaux sans gouvernement, je retiendrais sans hésiter la seconde solution. »

A. Les médias et les victimes des violations des DH

Les médias doivent être les veilleurs de la société centrafricaine, « la voie des victimes » pour tirer la sonnette d'alarme sur toutes les politiques de nature à compromettre les DH notamment les droits des victimes. Ils doivent continuer de collecter et de diffuser les violations des DH, dans le strict respect de la dignité humaine. Ils doivent accompagner le processus de paix en RCA par l'analyse objective sur les engagements, les prises de positions des différents acteurs en lien avec les droits des victimes. Ils sont plus que jamais les chiens de garde des DH, de la démocratie, de la bonne gouvernance et de l'Etat de droit. Nous partageons le titre d'un professionnel de la communication : « Médias responsables, société épanouie[93] ». Les médias doivent être au rendez-vous d'actions populaires et citoyennes.

B. La coopération nationale et internationale

La réussite du processus de paix en RCA et de la réalisation effective de la justice notamment des droits des victimes dépend de la qualité d'engagements des parties prenantes de la crise centrafricaine. L'Accord de Khartoum énumère et précise les engagements de l'Etat et des groupes armés qui doivent être respectés et tenus. Toute bonne

---

[93] BANGA David, « Médias responsables, société épanouie », *in Le Confident* n°4661 du 13 mai 2019, p.2

volonté et le patriotisme commencent par l'arrêt des hostilités sur les terrains, l'entrée dans l'esprit et la lettre du processus. En faisant la paix, les Parties peuvent créer un climat favorable à la recherche de la vérité, de la justice, de la réparation et de la réconciliation.

De plus, le rôle de la communauté internationale dans la crise centrafricaine n'est pas négligeable. La crise centrafricaine est une crise nationale et internationalisée. Une partie des solutions doit provenir de la communauté internationale. Dans le cadre de la réalisation des droits des victimes, la communauté internationale devra soutenir financièrement[94] et logistiquement la CPS, la CVJRR pour qu'elles puissent rendre justice pour les crimes qui ont été commis en RCA. Elle doit aussi mettre en œuvre de façon préventive son mandat (nous parlons évidemment de la MINUSCA) pour la protection des civils. Le risque pourque les groupes armés fassent des nouvelles victimes sont aujourd'hui énormes. La communauté internationale sera complice des violations si elle laisse les groupes armés tuer les populations, faire des nouvelles victimes sous ses yeux sans réagir comme cela a été le cas à Alindao[95] avant de réagir tels des médecins après la mort comme cela a été le cas récemment dans les villages de l'Ouham Pendé, le 21 mai 2019 quand des éléments du groupe armé 3R ont organisés des tueries de masse dans trois villages

---

[94] Le Gouvernement centrafricain compte également sur les partenaires internationaux pour la mise en œuvre de l'Accord de Khartoum. « Le mécanisme de financement de mise en œuvre de l'Accord, sera défini conjointement par le Gouvernement centrafricain et les partenaires de la République Centrafricaine, réunis dans le cadre du Groupe de International de Soutien à la République Centrafricaine ». Article 36 de l'Accord de Khartoum.

95 Journal La Croix, Que sait-on de l'attaque contre l'évêché d'Alindao, en Centrafrique ? Lien vers l'article : https://www.la-croix.com/Monde/Afrique/sait-lattaque-contre-leveche-dAlindao-Centrafrique-2018-11-17-1200983758 (Consulté le 10 mai 2019).

(Lemouna, Bohong…). Elle doit aussi soutenir les efforts de la RCA pour la consolidation de la démocratie et la bonne gouvernance qui sont, comme nous l'avons démontré précédemment des conditions indispensables à la réalisation des DH en général et ceux des victimes en particulier.

Conclusion partielle

Les solutions ci-haut développées pour garantir les DH en général et les droits des victimes en particulier dépendent énormément du degré d'engagement des parties prenantes. Les Centrafricains devront garder à l'esprit que ce ne sont pas les étrangers, la communauté internationale qui construiront la Centrafrique à leur place. Le patriotisme les oblige centrafricains à s'aligner sur la première ligne de front pour combatte les maux qui minent leurs sociétés. Le degré de leur engagement peut influencer et changer les courbes des tendances négatives des ennemis de la Nation, influencer la politique extérieure sur la RCA.

CONCLUSION GÉNÉRALE

L'histoire post ère démocratique de la RCA est une histoire d'instabilité permanente caractérisée par les violations des DH et du DIH. L'existence des crimes de masse constitutifs des crimes internationaux n'est plus à rechercher péniblement car les organisations de défenses des DH tant nationales qu'internationales ont constitué une banque importante d'informations[96].

Au-delà des preuves matérielles contenues dans cet important référentiel à savoir le *Rapport du projet documentant les violations des droits de l'homme et du droit internationale humanitaire commises sur le territoire de la République centrafricaine de janvier 2003 à février 2005, Mai 2017*, il y a également des preuves vivantes qui sont les témoins ou les victimes de ces violations.

Plus de 5 000 ont été recensées en RCA. Ce chiffre est relatif puisque certaines victimes évitant d'être victimisées davantage vivent leurs souffrances dans le silence. De plus la crise centrafricaine étant généralisée, personne n'en a été épargnée de manière directe ou indirecte. Nous pouvons confirmer avec Pool (J.) que la crise a atteint « les hauts niveaux de victimisation[97] ».

A propos des droits des victimes dont la défense et la promotion constituent la préoccupation dominante de cet ouvrage, le bât blesse avec acuité. Il ressort de notre

[96] Nations Unies, Rapport du projet documentant les violations des droits de l'homme et du droit internationale humanitaire commises sur le territoire de la République centrafricaine de janvier 2003 à février 2005, Mai 2017.

[97] Pool (J.), « Post-conflict justice in Sierra Leone », *in Bassioumi*, p.563.

parcours analytique une situation d'une triple peine subie par les victimes aujourd'hui.

La première peine des victimes est celle de ne pas voir la justice pénale de leur pays se pencher sur les violations dont elles ont subi dans leur chair. Les autorités centrafricaines cherchaient à esquiver la justice pénale pour les crimes graves des DH et du DIH en promulguant des lois d'amnisties dont l'ordonnance N°03.003 du 23 avril 2003 et la Loi n° N°08.020 du 13 octobre 2008. Le contenu de ces lois, l'attitude des parties prenantes dans la mise en œuvre de ces lois consacrent le péril des droits des victimes à la vérité, à la justice, aux réparations. Les engagements du gouvernement en faveur des victimes ne sont que des lettres mortes, de simples déclarations d'intention. Dans plusieurs cas, la réalité contredit les intentions.

La deuxième peine est celle de la communauté internationale qui n'accorde pas assez de fond pour soulager les souffrances des victimes. Les fonds qui aident les victimes à travers des activités de résilience et de développement pilotées par les ONG sont souvent jugés insuffisants. Presque chaque année, OCHA fait des plaidoyers pour combler les gaps des plans de financements humanitaires.

De plus, d'un autre point de vue, les fonds injectés manque aussi d'un mécanisme de suivi efficace de la part des bailleurs. Conséquence certaines activités sont accomplies de façade, sans panser efficacement les plaies des victimes[98]. Plus de la moitié des fonds sont souvent alloués au bien-être des personnels de mise en œuvre des projets (logistiques, salaires…).

[98] Certains projets de prisent en charge de victimes de violences sexuelles sont souvent très critiquées par les bénéficiaires quant à la portée de la réponse.

Les fonds au profit des victimes de Jean Pierre BEMBA ne sont pas octroyés aux victimes depuis plus d'une dizaine d'années.

En réalité, le mépris de la cause des victimes est notoire en RCA. Les références aux droits de tiers en matière civile contenues dans les lois d'amnisties étudiées ne sont que des coquilles vides. Il faut aussi pointer du doigt l'absence d'un fonds national pour les victimes. Pensez-vous qu'un pays qui a de la peine à faire face à ses dépenses régaliennes peut-il penser à la constitution et à la réalisation effective d'un fond national pour les victimes ?

Le propre des autorités centrafricaines est de plonger leurs populations dans l'évasion et dans les symboles, dans des politiques parfois utopiques. La fourberie, la tromperie semble la méthode de gouvernance. Par exemple, on rejette l'amnistie et en même temps on met en place une Commission Inclusive chargée « d'analyser les crimes qui seront poursuivis » et ceux qui sont susceptibles d'être amnistiés[99]. On distrait « le bas peuple alors que l'on sait que le pays » opte sur ce que la littérature spécialisée nomme le « modèle judiciaire mixte [100]» avec ses conséquences.

La troisième peine est celle des discriminations auxquelles font face les victimes quotidiennement.

[99] Selon le Ministre centrafricain de la Justice « l'Accord de Khartoum n'a pas opté pour l'amnistie. La mission de la Commission inclusive est de classifier les crimes commis en RCA qui seront orientés, selon leur gravité, vers la Cour Pénale Internationale de la Haye (CPI), ou vers la Cour Pénale Spéciale (CPS) ou bien vers le Tribunal de Grande Instance de Bangui. Il a mis l'accent sur la qualification des infractions susceptibles d'être amnistiés dans le cadre du processus de paix, de tolérance et de réconciliation. Cf. Stéphane Nino Kembi, « La justice au cœur de l'Accord de paix de Khartoum », *in Le Confident* n°4674 du 31 mai 2019, p.7

[100] Bassiouni, *Post-conflit justice, International and comparative criminal law series, Transnationales Publishers*, 2001, p.6.

Certaines sont obligées de vivre leurs souffrances dans le silence de peur d'être stigmatisées et de mourir précocement.

Face à ces situations décriées, la mise en œuvre de la justice pénale, la jurisprudence de la CPI sur les fonds au profit des victimes en RCA, la constitution d'un fonds national au profit des victimes, la mise en route de la commission Vérité Justice, Réparation et Réconciliation, l'engagement des organisations nationales et internationales de la société civile, l'amnistie légale et démocratique, la démocratie et la bonne gouvernance constituent des remparts pour la réalisation et la sauvegarde des DH en général et ceux des victimes en particulier. Au sujet de l'éventualité de l'amnistie, le peuple doit être souverain sur la question.

Pour nous, la RCA est donc sur le chemin de la dernière chance pour la sortie de sa crise. Il est temps de tirer profit des opportunités, de battre en brèche les contraintes pour construire une Centrafrique unie, prospère par le travail productif et digne comme le souhaite son premier président, le panafricaniste Barthelemy BOGANDA.

BIBLIOGRAPHIE

I. MANUELS, TRAITES, RECUEILS, DICTIONNAIRES ET COURS

A. Traités

- Bouzat (P.), *Traité du droit pénal et de criminologie*, Tome III, Dalloz, 1970.
- Hennebel (L.), et Tigroudja (H.), *Traité du droit international des droits de l'homme, Paris*, Pédonne, 2016.

B. Dictionnaires

- Lexique juridique, Yaoundé : Futuring House documentation, 2013

II. OUVRAGES

- Beaud (M.), *L'art de la thèse*, Paris, La Découverte, 2006.
- Binoua (J), *Centrafrique, l'instabilité permanente*, Paris, Editions Le Harmattan, 2005.
- Bergel (J., L), *Méthodes du droit. Théorie générale du droit*, 2ème édition, Paris, Dalloz, 1989.
- David (E.), *et al., Code de droit international humanitaire,* Bruxelles, Editions Bruylant, 2002
- DE Gaudusson (J.) et *et al., Les constitutions africaines publiées en langue française*, Tome 2, Chronologie de la République Centrafricaine, Paris, Editions La documentation française, Bruxelles Bruylant, 1998.
- Dupuy (P.), *Les grands textes de droit international public*, Paris, 4ème édition Dalloz, 2004.
- Ferrette (J.), et al.), *La sociologie à travers les grands auteurs*, Paris, Ellipses Editions Marketting, 2006.
- Kolb (R.), *Ius contra bellum. Le droit international relatif au maintien de la paix*, Bruxelles, Bruylant, 2009.

- Gounoumoundjou (Z.), Zacharie, *Histoire de la République Centrafricaine de l'indépendance à nos jours*, Bangui, 2018.
- Filakota(R.), *L'Union africaine et la crise en Centrafrique : Entre enjeux économiques, politiques et initiatives problématiques*, Paris, Saint-Léger éditions, 2018.
- Stern (B.), *Livre blanc des assises nationales de la recherche juridique*, Paris, LGDJ, 1994.
- Lochak (D), *Les droits de l'homme*, Paris, La Découverte, 2002.
- Mboli-goumba (C.), *La nation centrafricaine et les récifs*, Paris, Le harmattan, 2018.

Joinet (L.), *Lutter contre l'impunité, Dix questions pour comprendre et pour agir*, Paris, Edition La Découverte, 2002

III. THÈSES, MÉMOIRES ET ÉTUDES

A. Thèses

- Doui Wawaye (A.J), *La sécurité, la fondation de l'Etat centrafricain : contribution à la recherche de l'Etat de droit*. Université de Bourgogne, 2012. Français.
- Sidi (S.), *La résolution des conflits en Afrique,* Thèse de doctorat d'État en sciences politiques, Université Cheikh Anta Diop, Dakar, 2000.
- Yaliki (A.) *Quelle justice pour une réconciliation nationale ? Cas de la République Centrafricaine et de la République de Côte d'Ivoire.* Droit. Université Paris-Est, 2018.

B. Mémoires

- Jukoughouo (H.N.), *Le rétablissement de l'Etat de droit dans une société en reconstruction post-conflictuelle : l'exemple de la sierra Léone*, Institut des Droits de l'Homme de Lyon & Université Pierre Mendès France de

Grenoble - Master 2, Recherche, Histoire du Droit, Droit et Droits de l'Homme, 2007.

- Nsengimana (D.M.), *Analyse critique de la loi d'amnistie et son impact sur la paix en République Démocratique du Congo*, Université de Goma, mémoire de licence en droit, 2009
- Bwira Ndagano (N.), *L'amnistie en RDC. Analyse du cadre juridique et son impact sur le processus de paix*, mémoire de licence en droit, Bukavu, 2012.
- Rondeau (S.), *Violations du droit international humanitaire et réparation : La place de la victime individuelle*, Université du Québec à Montréal, mémoire présenté comme exigence partielle de la maîtrise en droit international, 2008. Disponible en ligne : https://www.memoireonline.com/08/07/579/m_retablissement-etat-de-droit-reconstruction-post-conflit-sierra-leone22.html (Consulté le 15/02/2019)

C. Etudes

- CICR, *Les Protocole I additionnels aux Conventions de Genève du 12 août 1949*, Genève, 2010.
- Pictet(J), *« La formation du droit international humanitaire »*, in *Revue international de la Croix-Rouge*, n°846n Vol.86., Juin 2002.
- Union Africaine, *Paix, justice et réconciliation en Afrique, Opportunités et défis liés à la lutte contre l'impunité*, Rapport du groupe des sages de l'Union africaine.

ARTICLES

- Barraud (B.), *« La méthodologie juridique »,* in La recherche juridique (les branches de la recherche juridique), Paris, L'Harmattan, coll. Logiques juridiques, 2016 ;
- Charbel (J.S), *« L'amnistie et la justice transitionnelle »,* Lien vers l'article :

http://leportique.revues.org/2686 (consulté le 10 mars *2019)*

- Laura (M. O), *Réveiller le dragon qui dort ? Questions de justice transitionnelle : répression pénale ou amnistie ?*

Lien : https://www.icrc.org/fr/doc/assets/files/other/irrc_862_olson_fr.pdf)

- MichaeL, (P.), *Centrafrique : le député et ex-chef rebelle « Rambo » a été extradé vers la CP*I,

Lien vers l'article : https://www.jeuneafrique.com/665809/politique/centrafrique-le-depute-et-ex-chef-rebelle-rambo-a-ete-extrade-vers-la-cpi/ (Consulté le 3/5/2019)

- maison (R), *L'amnistie e droit international*, in « Les Cahiers de l'Orient », N° 94, 2009, p.119-129 (Article disponible en ligne à l'adresse : https://www.cairn.info/revue-les-cahiers-de-l-orient-2009-2-page-119.htm)

- HANI, (V), « La paix avec la justice, L'amnistie en Afrique du Sud »

», n *in « Mouvements » n* ° 53, 2008, p 102-109 (Article disponible en ligne à l'adresse https://www.cairn.info/revue-mouvements-2008-1-page-102.htm)

IV. DOCUMENTS

A. Textes officiels

- Charte des Nations Unies signée le 26 juin 1945 à San Francisco.
- Convention III relative à l'ouverture des hostilités conclue à La Haye le 18 octobre 1907.
- Convention IV concernant les lois et coutumes de la guerre sur terre et son annexe : règlement concernant les

lois et coutumes de la guerre sur terre conclue à La Haye le 18 octobre 1907.

- Convention de Genève (I) pour l'amélioration du sort des blessés et des malades dans les forces armées en campagne du 12 août 1949.
- Convention de Genève (II) pour l'amélioration du sort des blessés, des malades et des naufragés des forces armées sur mer du 12 août 1949.
- Convention de Genève (III) relative au traitement des prisonniers de guerre du 12 août 1949.
- Convention de Genève (IV) relative à la protection des personnes civiles en temps de guerre du 12 août 1949.
- Protocole additionnel aux Conventions de Genève du 12 août 1949 relatif à la protection des victimes des conflits armés internationaux (Protocole 1).
- Protocole additionnel aux Conventions de Genève du 12 août 1949 relatif à la protection des victimes des conflits armés non internationaux (Protocole 2).
- Déclaration universelle des droits de l'homme du 10 décembre 1948.
- Déclaration des principes fondamentaux de justice relatifs aux victimes de la criminalité et aux victimes d'abus de pouvoir. Adoptée par l'Assemblée générale dans sa résolution 40/34 du 29 novembre 1985.
- Pacte international relatifs aux droits civils et politiques, 16 décembre 1966.
- Convention sur l'imprescriptibilité des crimes de guerre et des crimes contre l'humanité du 26 novembre 1968.
- Statut de Rome de la Cour Pénale Internationale, 17 juillet 1998.
- Loi N°97.002, du 15 mars 1997 portant amnistie générale des infractions liées à la mutinerie et des détournements de deniers publics en cours d'instruction.

- Décret N°05.144 du 13 juin 2005 portant libération et remise gracieuse à l'occasion de la proclamation des résultats des élections présidentielles et législatives du 24 mai 2005.
- Loi N°08.020 du 13 octobre 2008 portant amnistie générale à l'endroit des personnalités, des militaires, des éléments et responsables civils des groupes rebelles.
- Constitution de la RCA du 16 mars 2016.
- Code pénal de la République Centrafricaine.

B. Rapports, communications et avis

- CICR, *L'amnistie au regard du droit international humanitaire : objectif et champ d'application, Genève*, service consultatif du CICR, 1997.
- Dukhan (N, *« Splintered warfare: Alliances, affiliations and agendas of armed factions and politico-military groups in the Central African Republic »*. The Enough Project. 10 août 2017. Consulté : https://enoughproject.org/reports/splintered-warfare-central-african-republic ; Groupe d'experts de l'ONU sur la République centrafricaine. « Rapport à mi-parcours ». 23 juillet 2018.
- FIDH, *République centrafricaine Déjà-vu D(é)s accords pour la paix au détriment des victimes, rapport n°513*, décembre 2008.
- FIDH, *RCA : Entre discours et réalité, un fossé béant*, n° 324 de février 2002. (http://www.fidh.org/afriq/centreaf.htm).
- International Crisis Group, *De dangereuses petites pierres : les diamants en République centrafricaine »*. Rapport Afrique n° 167. 17 décembre 2010.
- International crisis group, Centrafrique : *les racines de la violence*, Rapport Afrique N°230 | 21 septembre 2015
- International Crisis Group, République centrafricaine : débloquer le dialogue politique inclusif, Briefing Afrique de Crisis Group N°55, 9 décembre 2008.

- OBSERVATOIRE PHAROS. *« Victimes, impunité, justice et réconciliation : Mission de veille, d'étude et de réflexion prospective sur la reconstruction et les enjeux de justice »*. Octobre 2018. Consulté : https://www.observatoirepharos.com/wp-content/uploads/2016/09/20161031-Rapport-Pharos-Justice-ok.pdf
- Rapport de M. Louis Joinet, Rapporteur spécial de la Sous-Commission de la lutte contre les mesures discriminatoires et de la protection des minorités, Étude sur la législation d'amnistie et sur son rôle dans la protection et la promotion des droits de l'homme (E/ CN.4/Sub.2/1985/16/Rev.1, par. 5)
- Haut-Commissariat aux Nations Unies pour les Droits de l'Homme, *Les instruments de l'État de droit dans les Etats sortant d'un conflit*, Nations Unies, 2009.
- Programme des Nations unies pour le Développement (PNUD), *Les nouvelles dimensions de la sécurité humaine*, Rapport mondial sur le développement humain 1994, Paris, Editions, Economica, 1994.
- Union Africaine, *Paix, justice et réconciliation en Afrique, opportunités et défis liés à la lutte contre l'impunité*, rapport du groupe des sages de l'Union africaine, International Peace Institute : 2013

Table des matières

Seconde partie :

LA GARANTIE DES DROITS DES VICTIMES

Structures éditoriales du groupe L'Harmattan

L'Harmattan Italie
Via degli Artisti, 15
10124 Torino
harmattan.italia@gmail.com

L'Harmattan Hongrie
Kossuth l. u. 14-16.
1053 Budapest
harmattan@harmattan.hu

L'Harmattan Sénégal
10 VDN en face Mermoz
BP 45034 Dakar-Fann
senharmattan@gmail.com

L'Harmattan Cameroun
TSINGA/FECAFOOT
BP 11486 Yaoundé
inkoukam@gmail.com

L'Harmattan Burkina Faso
Achille Somé – tengnule@hotmail.fr

L'Harmattan Guinée
Almamya, rue KA 028 OKB Agency
BP 3470 Conakry
harmattanguinee@yahoo.fr

L'Harmattan RDC
185, avenue Nyangwe
Commune de Lingwala – Kinshasa
matangilamusadila@yahoo.fr

L'Harmattan Congo
67, boulevard Denis-Sassou-N'Guesso
BP 2874 Brazzaville
harmattan.congo@yahoo.fr

L'Harmattan Mali
Sirakoro-Meguetana V31
Bamako
syllaka@yahoo.fr

L'Harmattan Togo
Djidjole – Lomé
Maison Amela
face EPP BATOME
ddamela@aol.com

L'Harmattan Côte d'Ivoire
Résidence Karl – Cité des Arts
Abidjan-Cocody
03 BP 1588 Abidjan
espace_harmattan.ci@hotmail.fr

L'Harmattan Algérie
22, rue Moulay-Mohamed
31000 Oran
info2@harmattan-algerie.com

L'Harmattan Maroc
5, rue Ferrane-Kouicha, Talaâ-Elkbira
Chrableyine, Fès-Médine
30000 Fès
harmattan.maroc@gmail.com

Nos librairies en France

Librairie internationale
16, rue des Écoles – 75005 Paris
librairie.internationale@harmattan.fr
01 40 46 79 11
www.librairieharmattan.com

Lib. sciences humaines & histoire
21, rue des Écoles – 75005 paris
librairie.sh@harmattan.fr
01 46 34 13 71
www.librairieharmattansh.com

Librairie l'Espace Harmattan
21 bis, rue des Écoles – 75005 paris
librairie.espace@harmattan.fr
01 43 29 49 42

Lib. Méditerranée & Moyen-Orient
7, rue des Carmes – 75005 Paris
librairie.mediterranee@harmattan.fr
01 43 29 71 15

Librairie Le Lucernaire
53, rue Notre-Dame-des-Champs – 75006 Paris
librairie@lucernaire.fr
01 42 22 67 13